TORONTO MEDIEVAL LATIN TEXTS

Peter
the Venerable
Selected Letters

EDITED BY JANET MARTIN

IN COLLABORATION
WITH GILES CONSTABLE

Published for the
CENTRE FOR MEDIEVAL STUDIES

by the
PONTIFICAL INSTITUTE OF MEDIAEVAL STUDIES
Toronto

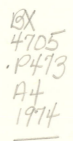
Printed and bound in Canada
by The Hunter Rose Company, 1974

ISBN—0—88844—452—4

PREFACE

The *Toronto Medieval Latin Texts* series is published for the
Centre for Medieval Studies, University of Toronto, by the
Pontifical Institute of Mediaeval Studies. The series is intended
primarily to provide editions suitable for university courses and
curricula, at a price within the range of most students' resources.
Many Medieval Latin texts are available only in expensive
scholarly editions, equipped with full textual apparatus but
with little or no annotation for the student; even more are out
of print, available only in libraries; many interesting texts still
remain unedited.

Editions in this series are usually based on one MS only,
with a minimum of textual apparatus; emendations are made
only where the text fails to make sense, not in order to restore
the author's original version. The effect is to produce a 'scribal
version' of a text — a version that was acceptable to its scribe
and was read and understood by medieval readers. Editors are
required to select their MS with great care, choosing one that
reflects a textual tradition as little removed from the original as
possible, or one that is important for some other reason (such
as a local variant of a text, or a widely influential version).
Manuscript orthography and syntax are carefully preserved.

The Editorial Board is not merely supervisory: it is
responsible for reviewing all proposals, for examining all speci-
mens of editors' work and for the final reading of all editions
submitted for publication; it decides on all matters of editorial
policy. Volumes are printed by photo-offset lithography from
camera-ready copy typed on an IBM Composer.

The General Editor would like to express his thanks to all
those who generously gave advice and assistance in the planning
of the series, especially to Professor John Leyerle, Director of
the Centre for Medieval Studies, for making available all the
resources of the Centre and for his own unfailing personal
support.

A.G.R.

EDITORS' NOTE

This edition is essentially the work of Professor Martin, who is alone responsible for the form of the Text, Introduction, Glossary, and Notes. Some of this material is drawn from the complete edition of the letters of Peter the Venerable by Professor Constable, who aided in selecting the letters edited here and read through the new text. Our grateful thanks are due to the Institut de Recherche et d'Histoire des Textes in Paris and the Houghton Library at Harvard University for providing photographs of the manuscripts; to the editors of this series; to Professor Caroline W. Bynum of Harvard; and especially to the Librarian of the American Academy in Rome, Inez Longobardi, and her assistants, for their helpfulness and courtesy.

CONTENTS

INTRODUCTION

Peter the Venerable and Cluny

In 1122, when the young Peter of Montboissier was elected
ninth abbot of Cluny, the great abbey was at the height of its
reputation. For at least a century Cluny had stood for 'the
supreme development of the liturgical life on an unprecedented
scale of regularity and magnificence'.[1] Its three hundred
monks, carrying out what was then considered the raison d'être
of the monastic order, interceded for the whole of society in a
crowded and exacting round of services, while donations and
gifts poured in from those who wanted the monks' special
prayers. The great abbey church was the largest in Christendom,
remaining unsurpassed until the building of the new St Peter's
at Rome in the sixteenth century. Founded in 910, Cluny had
quickly become renowned as a model of strict observance in a
period of monastic decline, when (as Peter says with the
exaggeration of family pride) 'there was nothing of the monk
save tonsure and habit, in all Europe' (161/135).[2] Its fervent
and ordered way of life attracted eminent converts; a count of
Mâcon, we are told, entered Cluny with thirty of his knights,
while his wife and daughters and the wives of the knights
entered a Cluniac nunnery. A number of monasteries adopted
Cluny's uses and accepted its suzerainty in order to share its
privileges and prestige. Thus by Peter's day there had grown
up the great Cluniac family, which consisted of the mother

---

1 In general, see David Knowles *Christian Monasticism* (New York
   and Toronto 1969) 48-53; *The Monastic Order in England*
   2nd ed. (Cambridge 1966) 28-30, 145-50; *ODCC*² 307-8 'Cluny'.
   See also Bibliography under Constable, Evans, Knowles and
   Leclercq.
2 Citations in this form refer to number and line of letters in this
   edition; other letters will be cited in Constable's edition (see
   Bibliography).

. abbey and its dependent cells, and several hundred affiliated houses (with their dependencies), located not only in France but also in England, Germany, Spain, Italy, and the Holy Land.

Peter later remarked of his election, 'Would that they had chosen better!' Yet his origins and upbringing made him a highly suitable choice as abbot of Cluny. The family of Montboissier, though of secondary rank in terms of wealth and political power, enjoyed considerable prestige in central Auvergne; through the extraordinary careers of Peter and his brothers — of whom only two remained in secular life and four became, respectively, the archbishop of Lyons and the abbots of Vézelay, La Chaise-Dieu, and Manglieu — the family exercised influence of the first rank of importance. Born in 1092 or 1094, Peter was offered to Sauxillanges, a neighbouring Cluniac priory patronized by the Montboissiers, and was educated there; he made his monastic profession at Cluny to abbot Hugh I not long before the abbot's death in 1109. Peter was appointed prior of Vézelay and then of Domène, in the Alps near Grenoble; while at Domène he came to know and to admire the contemplative way of life at La Grande Chartreuse. Meanwhile abbot Hugh's successor Pontius (1109-1122) had resigned his office after a troubled reign; his successor Hugh II died after holding office only a few months. As Peter's disciple and biographer Radulf tells the story, when Peter arrived at Cluny to participate in the election of a new abbot, he was at once recognized as the obvious choice, the whole body rising to lead him to the abbatial throne and to acclaim him lord and abbot. The appearance of unanimity was deceptive. In 1125, while Peter was visiting Cluniac houses in Aquitaine, the former abbot Pontius made an armed attack on Cluny. He and his supporters among the monks and townspeople, driving out the monks loyal to Peter, proceeded to plunder the abbey and its properties. Though Peter eventually regained control of Cluny (which, he asserts, quickly recovered from its bout with disorder and dissension), the reign of Pontius, it has been argued, left Cluny in decline, its standard of discipline lowered and its prestige diminished.

Cluniac discipline, to be sure, had recently come under criticism from the new monastic orders, particularly the Cistercians. In a long and celebrated letter addressed to Bernard of Clairvaux, who had emerged as the Cistercian spokesman, Peter vigorously defended established Cluniac theory and practice. But this controversy between the two orders and their prominent spokesmen (whose friendship remained firm throughout) has unduly influenced modern views of Peter's abbacy. It is true that there were instances of laxity. Although reform was to be one of Peter's major concerns throughout his reign, the sheer size of the abbey and the numbers of affiliated houses made supervision all but impossible, as Peter himself admits (24/62 ff). Quite apart from abuses, however, the Cluniac ideal had come to seem less attractive; more generally the primacy of the Benedictine way of life was now, almost for the first time, seriously questioned. The new longing for simplicity and austerity, the more active participation of the laity in religious life, the announced determination of the new religious orders to follow the balanced programme of liturgical prayer, reading, and manual work prescribed by the Rule — these and other expressions of new religious needs and ideals clearly rejected the richly elaborate liturgical life that had for so long represented the highest ideal of Christian existence on earth. It is in this context that one should see Peter's reforming activity; confident of the validity of Cluniac monasticism, yet responsive to the new religious values of his age, he attempted both to correct relaxations of discipline and to adapt Cluniac monasticism to the new spirituality.

Cluny's problems therefore were largely the common problems of the older monasticism in the twelfth century; Peter's relative success in meeting the challenge is shown by Cluny's continued growth and prestige in his time. Monasteries continued to adopt Cluniac customs and to ask for Cluniac monks to direct their reform. As for Cluniac practice, Peter's *De Miraculis* ('Remarkable Histories'), in which he describes the saintly lives and deaths he has witnessed, shows that sanctity was yet to be found at Cluny. Peter himself was greatly admired. A prominent Augustinian canon refers to him as 'this holy man', a fit successor presumably to the line of abbots whose holiness was the strongest argument (in the canon's view) for the superiority of Cluniac monasticism. For modern commentators Peter sums up 'all that was most typical of twelfth-century Cluny at its best'; energetic and open-minded, he was sometimes stern, always sensible; if anything, almost too charitable, too flexible, too conciliatory. Peter died on Christmas Day 1156. His death marks the end of Cluny's influence, though the order survived, its numbers dwindling, until the Revolution. On 21 April 1798 the great abbey church, which had endured almost unchanged since Peter's day, was sold at auction; its piecemeal destruction began on 16 July; one arm of one transept now remains.

Contents of the letters

The present selection includes seventeen letters, all but one given in their entirety; fourteen were written by Peter, the other three by Bernard of Clairvaux, Peter of Poitiers (Peter the Venerable's secretary), and a Dr Bartholomew. Peter's concerns as administrator and ecclesiastical statesman recur frequently in the letters. His efforts to reform the Cluniac family are reflected in letter **161**, which condemns and forbids the eating of meat. (This was no small matter: the eating of meat, being strictly forbidden by the Rule, would have been regarded as a serious deterioration of observance.) He reprimands the prior of La Charité, on the other hand, for allowing fasting and other exercises so to weaken him that he cannot carry out his responsibilities (letter **43**). The defence of Cluniac properties was another concern; thus letter **191** reports how Peter thwarted an aggressive neighbour's attempt to build a castle. Peter's preoccupation with the defence and reform of the larger Christian society — which led him to write treatises on Judaism, on the Petrobrusian heresy, and on Islam, and to sponsor a translation of the Koran — is reflected in his letters as well. Letter **164** to Bernard of Clairvaux concerns organizing a new Crusade, letter **58** shows Peter working to end the papal schism, and letter **174** supports an appeal against some superstitious and rapacious canons.

An eminent statesman and a busy administrator, Peter was also a noted spiritual adviser. To him of course the best way of life is the life of a monk, one who is living in retirement from the world, whether in solitude or in community. Many of Peter's themes — the eremitic ideal vs. the cenobitic, the active life vs. the contemplative — are conventional; yet his statements are important. For one thing they reflect the heightened religious awareness and self-criticism of the eleventh and twelfth centuries, which saw on the one hand the rise of new eremitic and ascetic orders, and on the other hand the reappearance of widespread heresy.[1] Peter's own situation lends his remarks further interest. Burdened by heavy pastoral and administrative responsibilities, he felt deeply and genuinely — however stereotyped his language — the conflict between contemplation and action, withdrawal and involvement, duty to self and duty to others. His recourse is to a kind of inner solitude, in which the 'still small voice' of God can be heard as Elijah heard it in the desert. 'I would wish,' he writes to Peter of Poitiers, 'to seek out a place "in the clefts of the rock, in the hollow of the cliff" — not only in spirit but physically' (**58/349**). But since this is impossible, he continues,

> let us build in the secret place of our hearts, as in a mountain enclosure, the solitude where alone is found a true hermitage, by those who truly reject the world ... Let us have constant recourse to this solitude 'while we are at home in the body and exiles from the Lord' and in the midst of tumult: we shall find within ourselves what we seek in distant places ...

Peter's letters clearly have interest for historians of monasticism and spirituality. They also provide information

---

1 *Heresies of the High Middle Ages* trans. W. L. Wakefield and A. P. Evans, Records of Civilization 81 (New York 1969) 20-6; Knowles *Christian Monasticism* 62 ff

for example on the career of Peter Abelard (letters **98** and **115**), on twelfth-century medicine (letters **158a** and **158b**), and on judicial ordeals (letter **174**). And they illustrate both the prominence of women in his society and the persistence of traditional attitudes towards them. Although Christian teaching considered an important role in affairs outside the family unsuited for a woman, her assigned sphere often included management of the family property; in a land-based society this function in fact gave her considerable standing outside the family.[1] In this context the career of Peter's mother Raingard becomes intelligible (letter **53**). The mother of eight sons, she then lived the arduous life of a nun for twenty years; Peter's account suggests at many points (though in passing) her active economic role, her practical wisdom, and her social prominence. Yet despite the importance of women such as Raingard in Peter's time, despite his admiration for Raingard herself, his attitudes inevitably reflect the traditional notion of woman as a weaker vessel.[2] The same bias makes Peter's praise of Heloise in letter **115** at times curiously left-handed. Or so it seems to us; but Peter's antifeminism is typical of his age; his letters are thus valuable evidence for the history of women, both for his bias and for the achievement such bias does not conceal.

The letters are valuable moreover for the history of medieval education and learning. There are references to the copying and exchange of books (**24/107** ff, **123/7** ff). Peter's report that his mother had learned (that is, memorized) the Psalms 'while yet in the world' (**53/301**) is evidence for the obscure subject of lay education.[3] The style of the letters is informative too. Peter was educated entirely at the priory of

---

1 D. Herlihy 'Land, Family and Women in Continental Europe, 701-1200' *Traditio* 18 (1962) 89-120, esp. 101-2, 110

2 As in his praise of Raingard's *uirilis animus* (**53/69**): Raingard in being strong rises above her womanly nature.

3 Laymen at this time were rarely able to read; see Constable *Letters* II 27 n.115. The knight Hugh Catula presumably would have had Peter's letter **51** read to him.

Sauxillanges in Auvergne; we know the names of none of his
masters: yet he wrote fluent and vigorous Latin, knew the Bible
intimately, and made apt (though infrequent) use of classical
quotations. His letters thus indicate the high cultural standard
prevailing in this period even at relatively obscure monasteries.

Informative as Peter's letters are, they do however have
limitations. Delicate matters are treated only briefly and
generally; the details either have been entrusted to the bearer
to convey orally (**164/61**) or are to be reserved for face-to-face
discussion (**51/39**). Then too the consciously literary character
of medieval letters can be frustrating to the modern reader:
'The amount of sentiment, and especially of religious
generalities,' as Stubbs observed, 'seems altogether out of
proportion to the amount of news.'[1] Nevertheless, from time
to time the artificiality of Peter's letters admits a vivid detail,
a well-paced narrative; not infrequently their studied rhetoric
takes on personality and character — authoritative plain-speaking
towards an insubordinate prior, exquisite courtesy towards a
romantic figure of an older generation, easy self-revelation with
a close friend. At such moments Peter belongs to that 'cosmo-
politan group of learned men, concerned to discuss their own
feelings and capable of giving them adequate expression'[2] whose
letters make the twelfth century one of the great eras of letter-
writing.

Textual tradition

The letters of Peter the Venerable were written and preserved
with an eye to publication. The recovery of original letters is
mentioned occasionally, as in letter **128** (quoted below); more
often, probably, copies of selected letters both by and to Peter
were kept in letter books or registers. There are two collections
of Peter's letters. The first, as found in MS *A* (see below),

---

1 William Stubbs *Seventeen Lectures on the Study of Medieval and
   Modern History* (Oxford 1886) 127. Letter **24** is an example.
2 C.N.L. Brooke, ed. (with W.J. Millor and H.E. Butler) *The Letters
   of John of Salisbury* I (London 1955) xl-xli

includes two introductory letters of Peter of Poitiers, poems of Peter the Venerable, 110 letters of Peter the Venerable (all written before 1142), and his treatise against the Petrobrusian heresy. References to the formation of the collection occur in the letters written between Peter the Venerable and Peter of Poitiers while the former was on retreat near Cluny, probably sometime between 1139 and 1141. The abbot writes in letter 124 that he is sending a hymn he has composed and asks Peter of Poitiers to 'take it and add it, if it seems worthy, to the others which you are accustomed to transcribe'. Peter of Poitiers replies in letter 128 (ed. Constable I 326), praising the hymn and asking that 'this present letter of mine and the smaller one [letter 123], which was such a comfort to me, be kept for me, since I value and preserve your letters with the utmost care'. Presumably then this first collection was assembled by Peter the Venerable and his secretary about 1142. At some later date (perhaps shortly before or after Peter the Venerable's death in 1156) a second and larger collection was compiled. As described about 1500 from a manuscript then preserved at Cluny the collection, divided into six books, included 196 letters and several treatises. This larger collection is now represented by the first edition of 1522 and by MS *S* (see below). Besides their difference in length the two collections have slight textual discrepancies, stylistic rather than substantive. Though the evidence is ambiguous, the most satisfactory explanation seems to be that whereas the letters preserved in the first collection were lightly revised at the time it was assembled, the text preserved in the larger collection escaped that revision; the earlier letters contained in the larger collection presumably were obtained therefore not from the first collection but from its source.

No two of the surviving manuscripts of Peter's letters contain exactly the same letters. The present edition is based on MS Douai, Bibliothèque municipale 381 (here called *A*) for all letters found in that manuscript, on the edition of 1522 (here called *C*) for letters not found in *A*, and on MS Le Puy, Cathédrale unnumbered (*S*) for two letters not found in *A* or C.[1]

MS Douai, Bibliotheque municipale 381 (A) was written at the monastery of Anchin (near Douai in northern France) in the third quarter of the twelfth century, probably before 1165; it contains the collection — letters, poems, and a treatise — drawn up about 1142 by Peter and his secretary. Written in a clear and elegant script, carefully punctuated, and decorated with coloured titles and initials, the manuscript is a fine example of the high level of manuscript production in twelfth-century France. Given the fact that Anchin, though not technically subject to Cluny, was a centre of Cluniac influence, it is not impossible that A's exemplar (or exemplars) came directly from Cluny.

The first printed edition of Peter's letters (C), which appeared at Paris in 1522, was edited by Pierre de Montmartre, a Cluniac monk and theologian. Though he did not describe the manuscript (c) he used for his edition except to refer to it as *antiquum exemplar*, all the evidence points to its having come from Cluny. For one thing c was exceptionally complete, containing more letters than any other known manuscript and also the rare *Contra Sarracenos*. Then too the library at Cluny is known to have possessed a manuscript of the letters (mentioned above), for it was described in a chronicle compiled about 1500; by 1614 however no such manuscript could be found. This lost manuscript was almost certainly the authoritative and exceptionally complete *antiquum exemplar* used by Pierre de Montmartre.

The *explicit* of MS Le Puy, Cathédrale unnumbered (S) says that it was written for Odo de la Perrière while he was prior of the Cluniac dependency of Souvigny — that is, between 1417 and 1424, when he became abbot of Cluny. It contains a total of 162 letters, omitting 30 letters found in C but including two letters that are found in no other witness (letters **158a** and **158b** in this selection). This addition and other evidence show that S is not merely a selection from c. The witnesses C and S are textually very similar however and regularly agree in error against A.

1 The following is based on the full descriptions in Constable *Letters* II 45-74.

The following diagram shows the probable relationship between the shorter collection found in A and the longer collection found in CS. Textual variants in A, as at **43/36** (see Textual Notes), suggest either that the scribe was aware of other versions of his letters or (more probably) that his exemplar (z) contained these variants, derived from another tradition (y) of the shorter collection. Moreover, some of the marginal variants in C, as at **9/72**, suggest that its editor used in addition to c a manuscript of the shorter collection similar to y or z (or alternatively that c already contained variants derived from such a manuscript). In the diagram dotted lines indicate derivation of variants.[1]

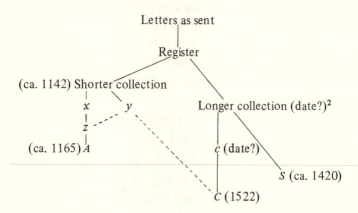

Editorial practice

This edition transcribes the text of MS A for the letters it contains, of the first edition of 1522 (based on the lost manuscript c) for letters not found in A, and of MS S for two letters

---

1   Other manuscripts are described in Constable *Letters* II 60-74. Readings of MS Paris, BN lat. 2582 have been published by H. Hoffmann in *Quellen und Forschungen aus italienischen Archiven und Bibliotheken* 50 (1970) 447-9; it agrees with A against CS, thus confirming that A represents a distinct form of the text.

2   Perhaps shortly before or after Peter's death in 1156

not found in *A* or the first edition (see pages 7-10 for details).[1]
Typographical errors in the first edition (e.g., *rerrarum* for
terrarum **164/49**) as a rule have been corrected without
comment; all other departures from the principal witness and
all variant readings are indicated in the Textual Notes. Words
in < > have been supplied to restore deficiencies in the MS;
words in [ ] are to be deleted. † signals a corrupt passage and
*** a gap in the MS. Marginal notes and rubrics have been given
except for the letters transcribed from the first edition. The
numbering of the letters is that of Constable's edition.

Punctuation, paragraphing, and capitalization follow modern
English usage; scribal abbreviations have been quietly expanded,
but the orthography of *A* and *S* has been strictly preserved.[2]
The orthography of *A*, which was written in northern France
about 1165, is especially informative, in that it presumably
resembles the original orthography, which in turn provides
evidence for pronunciation. Thus, for example, *A*'s 'e-cedilla'
has been retained in words like *quę* (CL *quae*); the scribe's use
of *ę* reflects the pronunciation of his day, in which *quę* was
pronounced as in *atque*.[3] In the first edition the orthography
is that of the printer, not the medieval scribe. Consequently,
though its spelling generally has been retained, forms such as
vtilis, viuere, traijcere, et si are rendered *utilis, uiuere, traiicere,
etsi*; and *ę* is rendered *ae* or *oe* according to the full forms used
elsewhere. Any orthographical variations that may give rise to
confusion have been dealt with in the Notes. One general
observation: in *A hii, hiis*, etc., are forms of *hic*, not *is*.

1 See also H. Hoffmann 'Zu den Briefen des Petrus Venerabilis'
   Quellen und Forschungen aus italienischen Archiven und Bibliotheken
   49 (1969) 399-441; his suggestions have been taken into account,
   and some adopted.
2 Except that *A*'s *Ih-, Ihe-* are transcribed *Ie-*: thus *Iesus, Ierusalem*,
   and so forth.
3 Although technically *ę* is merely an alternative form of *ae* (the
   cedilla being a vestigial *a*), the scribe's consistent use of *ę* instead of
   ae and his reservation of the latter for instances of diaeresis (as *aëre*
   53/401) show that in practice he did not consider *ę* and *ae* exact
   equivalents.

In the Notes the slash (/) means 'some time between', including the terminal dates. Patristic writings have been cited in the Patrologia Latina series; for other editions, see *Clavis Patrum Latinorum* ed. E. Dekkers, E. Gaar, 2nd ed. Sacris Erudiri 3 (Steenbrugge 1961) and the new series Corpus Christianorum (Turnhout 1953-). For bibliography and detailed historical commentary on individual letters, see Constable *Letters* II.

The following abbreviations are used: CL = Classical Latin; ML = Medieval Latin; *ODCC*² = *The Oxford Dictionary of the Christian Church* ed. F.L. Cross, E.A. Livingstone, 2nd ed. (Oxford 1974); PL = Patrologia Latina series ed. J.-P. Migne (Paris 1844-1905).

BIBLIOGRAPHY

Petrus Venerabilis *Opera ... Epistolarum libri VI*
    ed. Pierre de Montmartre (Paris 1522) [first ed.]
Petrus Venerabilis *Bibliotheca Cluniacensis*
    ed. M. Marrier and A. Duchesne (Paris 1614) [second ed.]
Petrus Venerabilis *Epistolarum libri sex* PL 189.61-472
    [reprint, with changes, of second ed.]
Peter the Venerable 'Une correspondance médicale' ed.
    H. Quentin *Miscellanea F. Ehrle* 5 vols. Studi e Testi 37-42
    (Rome 1924) I 80-6 [first ed. of letters **158a** and **158b**]
Peter the Venerable *Letters* ed. Giles Constable, 2 vols.
    Harvard Historical Studies 78 (Cambridge, Mass. 1967)

Constable, Giles 'The Monastic Policy of Peter the Venerable'
    forthcoming in the Proceedings of the Colloque international
    Abélard-Pierre le Vénérable
Constable, Giles and J. Kritzeck, eds. *Petrus Venerabilis 1156-
    1956: Studies and Texts Commemorating the Eighth
    Centenary of his Death* Studia Anselmiana 40 (Rome 1956)
    [cited as *Petr. Ven.*]
Evans, Joan *Monastic Life at Cluny 910-1157* (Oxford 1931)
    [dated but still useful]
Knowles, David *Cistercians and Cluniacs* (Oxford 1955)
    reprinted in *The Historian and Character and Other Essays*
    (Cambridge 1963)
Kritzeck, James *Peter the Venerable and Islam* Princeton
    Oriental Studies 23 (1964)
Leclercq, Jean *The Love of Learning and the Desire for God*
    trans. C. Misrahi (New York 1961)
Leclercq, Jean *Pierre le Vénérable* Figures monastiques
    (Abbaye S. Wandrille 1946)
Manitius, M. *Geschichte der lateinischen Literatur des Mittel-
    alters* 3 vols. Handbuch der Altertumswissenschaft IX 2.1-3
    (Munich 1911-31) [cited as Manitius]
Raby, F. J. E. *History of Christian-Latin Poetry* 2nd ed.
    (Oxford 1953) [cited as Raby *CLP*]
Séjourné, P. 'Pierre le Vénérable' *Dictionnaire de théologie
    catholique* XII^2 2065-81

THE LETTERS

From MS Douai, Bibliothèque municipale 381 (*A*)
  letters **9, 24, 43, 51, 53, 58, 98, 123, 124**

From Petrus Venerabilis *Opera ... Epistolarum libri VI*
ed. Pierre de Montmartre (Paris 1522) (*C*)
  letters **115, 161, 163, 164, 174, 191**

From MS Le Puy, Cathédrale unnumbered (*S*)
  letters **158a, 158b**

AD PETRVM \<QVEMDAM\> SCOLASTICVM

Dilectissimo filio suo magistro Petro, frater Petrus humilis
Cluniacensium abbas, oculum uidentem et aurem obędientem.
      Laboranti tibi, fili dilectissime, in secularis litteraturę
5   scientia et graui humanorum studiorum fasce onustato
misertus, cum nullam labori mercedem, nullum oneri tuo
leuamen uideam, te tempus inaniter consumere ingemisco. Si
enim uere phylosophanti hic solus et certus finis est, ubinam
uera beatitudo consistat agnoscere et agnitam adipisci, ut ea
10 adepta de misero possit esse beatus, nec beatitudo ualeat dici
16v1 cui boni aliquid deest, summum autem bonum / beata ęternitas
est, quis dicere audeat eum phylosophari, qui uniuersis laboribus
suis non ad ęternam beatitudinem sed ad ęternam miseriam tendit?
Sudauerunt in huius beatitudinis inquisitione antiquorum ingenia,
15 et quod altissime reconditum latebat uelut de occultis terrę
uisceribus multo conatu eruere contenderunt. Hinc artium ad-
inuentiones, hinc multiplices argumentationum perplexiones,
hinc sectarum in inuicem compugnantium infinitę dissensiones,
quorum alię in corporum uoluptatibus, alię in animi uirtutibus
20 beatitudinem constituebant, alię supra hominem quęrendam
esse censebant, alię aliud asserentes omnibus contraibant.
      Hos errare et quod in supernis celabatur in imis querere et
mendacii confusione mortales in terris falli Veritas de cęlis
intuens eorumque miserię condolens, de terra orta est; et ut a
25 talibus uideri posset, 'similitudine carnis peccati' assumpta, his
et similibus malis laborantibus clamauit, dicens 'Venite ad me
omnes qui laboratis et onerati estis, et ego uos reficiam. Tollite
iugum meum super uos.' Et quia eos profunda ueritatis

9/   The recipient is probably not the famous teacher and theologian
      Peter Abelard (the subject of **98** and **115**), who was a monk by
      the time this was written. On the 'true philosophy' and the
      opposition between school and cloister, see Leclercq *Love of*
      Learning 127-30, 238-45.
/3   *oculum ... obędientem*: cf Psal. 113B:5-6
/25   Rom. 8:3
/26,30 Matt. 11:28-9

ignorantia teneri uidit, magisterii uoce assumpta subiunxit
30   'Discite a me, quia mitis sum et humilis corde, et inuenietis
requiem animabus uestris.' Et cum in montem conscendisset,
aperte non tantum ubi uera beatitudo esset inuenienda sed
etiam qualiter ad eam perueniendum esset edocuit, et omnium
beatitudinem inuestigantium curiositatem compescuit, dicens
35   'Beati pauperes spiritu, quoniam ipsorum est regnum cęlorum.'
Ecce sine Platonicis meditationibus, sine Achademicorum
disputationibus, sine Aristotelicis laqueis, sine philosophorum
doctrinis inuentus est locus et uia beatitudinis. Sileat ergo
humana presumptio, audito diuino magisterio. Conticescat
40   falsitas, quia Veritas docet. Deserat docentis cathedram homo,
quoniam ad docendum residet Deus homo. 'Beati,' ait,
'pauperes spiritu, quoniam ipsorum est regnum cęlorum.'
   Quid igitur, karissime, scolas oberras? Quid et doceris et
docere conaris? Quid per milia uerborum, quid per multos
45   labores inquiris quod simplici sermone, quod paruo labore si
uolueris assequi poteris? Quid inani studio cum comedis recitas,
cum tragedis deploras, cum metricis ludis, cum poetis fallis,
16v2 cum philosophis falleris? Quid iam / non philosophię sed
(quod pace tua dictum sit) tantam stultitię operam impendis?
50   Stultitię inquam. Nam et hoc ueri philosophi dictum est:
'Nonne stultam fecit Deus sapientiam mundi?' Curre ergo, fili
mi, ad propositam tibi a cęlesti magistro – totius philosophię
unicum fructum – regni cęlorum beatitudinem, quam adipisci
non poteris nisi per ueram spiritus paupertatem. Verus enim,
55   ut supra dixi, magister totius mundi scolę presidens et
cathedras falsa docentium euertens, pauperem spiritu dixit
esse beatum, quoniam ei esset summa beatitudo reposita, hoc
est regnum cęlorum. Aggredere uiam paupertatis, qua itur ad
beatitudinem regni cęlestis. Viam aggredere paupertatis, non
60   tantum corporeę quantum spiritualis, non tantum rerum
quantum humilitatis, non tantum carnis quantum mentis. Eris
tunc uerus philosophus Christi, cum in te 'stultam' fecerit ipse

/35,41 Matt. 5:3
/51,62 I Cor. 1:20

'sapientiam mundi'. Nam si secundum eundem Apostolum
uolueris 'esse sapiens, stultus esto ut sis sapiens'; neque te
65   logicę garrulitatem, phisicę curiositatem, uel aliud quidlibet
scire glorieris, nisi Christum Iesum et hunc crucifixum.

Quod si ipso donante esse merueris, erit de te gaudium
angelis Dei, qui gaudent 'super uno peccatore pęnitentiam
agente', erit et sanctis hominibus multa lętitia, quia cum
70   gaudet 'unum menbrum congaudent omnia menbra'. Erit et
michi super omnia iocunditas, qui te quasi 'unicum filium'
suscipiam, lacte pietatis alam, gremio amoris confouebo, inter
Christi paruulos educabo, inter tyronum multitudinem armis
cęlestibus armabo, et ad spiritualem militiam quantum licuerit
75   animabo, tecumque pariter contra hostem pugnabo. Aderit
supernum auxilium, ut in castris cęlestibus pariter militantes
hostem uincamus, uincentes coronemur, et ueraciter philo-
sophantes ad philosophię debitum finem, beatam ęternitatem
scilicet, pertingamus.

24

23v2   AD CARTVSIENSES

Venerabili et non fictę caritatis brachiis singulariter amplectendo
domino et patri Guigoni Cartusiensi priori et cęteris fratribus,
frater Petrus humilis Cluniacensium abbas, salutem ad quam
5   suspirant ęternam.

Cum exundantem erga uos sincerum cordis mei affectum
24r1   uerborum signis explicare pertempto, fateor in / ipso conatu

9/64   I Cor. 3:18. The Benedictine exemplar of learned ignorance was
        Benedict himself, who abandoned the schools to become a
        monk: Leclercq *Love of Learning* 14-15.
/66   *glorieris,* etc.: cf Gal. 6:14
/67   *ipso*: Christ
/68   Luc. 15:7
/70   I Cor. 12:26
/71   II Reg. 1:26
24/   1136/7. Peter greatly admired the Carthusians and was an old
        friend of their remarkable prior, Guigo of Le Chatel.

deficio. De aliis quibuslibet assidue tractanti uerborum copia
affluit; cum uestri amore et memoria tota repleta sit anima
10   mea, se ipsum quęrens explicare animus succumbit. Similis fit
uasi usque ad summum quolibet liquore repleto, a quo si
subito inditum obicem retraxeris, uelut de uacuo nil profluere
admirando stupebis; cumque naturali ordine repletionem
exinanitio subsequatur, mirum in modum ipsa repletione
15   exinanitioni exitus denegatur. Sic prorsus michi uobis sepe
scribere uolenti contingit, cum sit nonnulla uel parua dicendi
ı   materia; sed ut dicitur inopem me copia facit.
    Additur difficultati studium breuitatis, qua moderni nescio
qua innata segnitie delectantur; et concęptus illos breui cogor
20   compendio terminare uerborum, quibus uix sufficeret
multitudo librorum. Quando enim explicare potero quomodo
a uobis corpore seiunctus tota uobis mente coniungar, quomodo alibi manens uobiscum semper maneam, quomodo cum
aliis conuersans, inter sacri collegii uestri numerum spirituali
25   cohabitatione conuerser? Quando referre ualebo quam grauis
michi sit (teste eo quem fallere non possum) ipsa uestra
corporalis absentia, qua si carere possem, non solum miserum
(quantum ad me) nomen abbatis sed etiam totum cum suis
omnibus mundum exuere nullo modo dubitarem? Quando uel
30   disertissimi cuiuslibet facultate, etiam si liber sermonibus
detur excursus, proferre sufficiam quanta formidine sub diuini
iudicii dubio infelix merito mens mea uacillet, cum imminens
maxime ex officio periculum nec manendo sapienter ualeam
euitare nec fugiendo liceat declinare?
35   Nec adeo sum cęcus ut non uideam <nec adeo insipiens ut
non intelligam> nec adeo infidelis ut non credam standum
michi in proximo esse 'ante tribunal Christi, ut referam'
secundum beatum Apostolum quę per corpus gessero 'siue

/8   *tractanti*: scil. *michi*
/15 *exinanitioni exitus denegatur,* there is no way to empty it
/16 *cum ... materia,* although I have something, however little,
     to say
/28 *quantum ad me* (Fr. *quant à moi*), so far as I am concerned
/37 II Cor. 5:10

bonum siue malum'. Et cum Salomon idem confirmet, dicens
40   'Cuncta quę fiunt adducet Deus in iudicium pro omni errato,
siue bonum siue malum sit', terreor uitę meę incerto, et
cogitans infinitum aggerem miseriarum mearum, alto cordis
dolore actus suspiro. Attendo grauissimam curarum sarcinam
24r2   debilibus humeris / impositam; et onus cui uix gyganteę
45   possent uires sufficere cerno pusilli homulluli colla deprimere.
Cogor asellus elephantorum castra dorso portare et cum armis
Saulis pro castris Israel contra Goliath puer et rusticus ad bella
procedere. Video draconem de cęlo proiectum tertiam partem
rutilantium stellarum de summis ad ima cauda trahentem, et
50   aduersum sanctę mulieris semen acrius solito pręliantem. Cumque ille peritissimus perdendi artifex multiformibus insidiis
cęlestia castra infestet, me ignaro, me infirmo, me timido duce,
nesciente, non ualente, non audente resistere, spem sibi
uictorię de Christi militibus glorians repromittit. Contra quem
55   nisi cito Mychael missus fuerit, accusator fratrum impius pрę-
ualebit.
    Hoc plus quam dicere possim metuens et 'horrendum esse
incidere in manus Dei uiuentis' sciens, gemino coartor periculo,
dum me michique commissos attendo. Nam sicut beatus
60   Gregorius ait, in illo tremendi iudicii examine uniuscuiusque
testimonium uix sibi soli sufficiet; quanto minus sibi et
proximo? Quomodo ergo tot milibus ubique terrarum diffusis,
quos raro uel nunquam uidere datur, ante Christum uiuorum
et mortuorum iustum iudicem adero, quando uix michi adesse
65   potero? Qualiter secundum beatum patrem Benedictum de
numero commissorum rationem reddere pręualebo, qui de

/40 Eccles. 12:14
/46 *cum armis Saulis,* etc.: I Reg. 17
/48 *draconem,* etc.: Apoc. 12:3-17
/55 *Mychael,* etc.: Apoc. 12:7
/57 Hebr. 10:31
/60 Cf Gregory the Great *Moralia* X 15.30 (PL 75.937C-38A)
/62 *tot milibus,* etc.: we have no exact idea of the numbers of
    Cluniacs in Peter's day – nor, probably, had he
/65 Benedict *Regula* 2.37-8

propriȩ uitȩ studio requisitus, mutus forsitan apparebo? Si
'astra non sunt munda in conspectu eius, quanto magis homo
putredo et filius hominis uermis?' Quod si hoc ab illo dictum
70   est, qui sic conuersabatur ut diuina sententia homo 'simplex
et rectus et timens Deum ac recedens a malo' diceretur, et qui
pro suis ita sollicitabatur ut cotidianas pro eis hostias immolaret,
dicens 'Ne forte peccauerint filii mei', quid dicet homo
dormiens, homo negligens, homo nec sibi nec suis prouidens?
75   Magnum magnum pastoralis officii periculum, ad quod uelut
cȩci ad prȩcipitium lȩtantes nostri sȩculi homines currunt, et
grauius ledendi de summis dignitatum gradibus in profundum
inferni corruunt, et antiquorum gladiatorum more paruo
temporis spacio uoluptatibus et superbia saginam nutriunt,
80   quam in spectaculo perditorum Diabolo in ȩternum deuorandam
offerunt! Felix et iam beatitudini ȩternȩ participans ex-
occupatorum ocium, quibus libera et absque impedimento /
24v1   in cȩlum uia paratur, qui et hic Deo, si non negligant, facile
per inuisibilem caritatem iunguntur et statim post carnis funus
85   eidem per ipsam uisionis speciem sociantur! A quorum felici
requie et quieta felicitate me seiunctum deflens, inter me et
ipsos interpositum chaos doleo, sed ad eos transire non ualeo.
    Sed quid, dolori meo satisfacere cupiens, aures uestras
audiendis cum Maria Domini sermonibus occupatas uerborum
90   importunitate repleo? 'Quis dabit michi pennas sicut columbȩ,
et uolabo et requiescam?' Quantum tamen ad uotum animi
mei, 'elongaui fugiens, et mansi' uobiscum 'in solitudine,
expectans eum qui saluum me faciat a pusillanimitate spiritus'

/68 Iob 25:5-6
/70 Iob 1:1
/73 Iob 1:5
/77 *grauius ledendi,* certain to be hurt grievously
/82 *ocium*: on monastic leisure as an anticipation of heaven, see
    Leclercq *Love of Learning* 83-4
/89 *Maria,* etc. (Luc. 10:38-42): Mary signifies the contemplative
    life, Martha the active
/90 Psal. 54:7
/91 *quantum ... ad*: see note on line 28
/92 Psal. 54:8-9

quę me hiis de causis exanimat 'et tempestate' mundana quę
95 quasi suffocandum undique circumuallat. 'Miseremini' igitur
'mei saltem uos, amici mei'; et sicut ego ista dictando meas
uobis lacrimas fudi, ita uos coram piissimo Redemptore uestras
pro me dignamini fundere. Misi ad hoc assidue commonendas
mentes uestras secundam cum Saluatoris imagine crucem, ut
100 eum crucifixum pro eo in hoc mundo crucifixi contemplantes,
cum illum pro uestra multorumque salute deprecamini, mei quoque in sacris precibus uestris nullo modo obliuiscamini. Sit
uobis in signum amicorum, 'qui stat' iuxta Prophetam 'in
signum populorum', ut sicut Domini uestri memoria a pectoris
105 uestri sacrario nunquam separatur, ita serui uestri miseria, si
fieri potest, a uestris affectibus nullo tempore diuellatur.
    Misi et uitas sanctorum Nazanzeni et Chrisostomi sicut
mandastis. Misi etiam libellum siue ępistolam beati Ambrosii
contra relationem Symmachi, urbis Romę pręfecti pagani, qui
110 sub nomine Senatus ydolatriam in urbem reduci ab imperatoribus
postulabat. Qui licet in sua relatione orator acutissimus uideatur,
ei tamen et prosa et metro tam supradictus uenerabilis pater
quam noster insignis poeta Prudentius potentissime responderunt.
Tractatum autem beati Hylarii super Psalmos ideo non misi,
115 quia eandem in nostro codice quam et in uestro corruptionem
inueni. Quod si et talem uultis, remandate et mittam.
Prosperum contra Cassianum sicut nostis non habemus, sed pro
eo ad sanctum Iohannem Angeliacensem in Aquitania misimus,
et iterum si necesse fuerit mittemus. Mittite et uos <nobis> si
120 placet maius uolumen ępistolarum sancti patris Augustini quod
24v2 in ipso / pene initio continet ępistolas eiusdem ad sanctum

/95 *quasi suffocandum* [scil. *me*], as if stifling me (lit., 'as if I am
    being stifled'); Iob 19:21
/99 *secundam ... crucem*: evidently he had sent one already
/103 Isai. 11:10
/107 *uitas sanctorum*, etc.: lives of Gregory of Nazianzus and John
    Chrysostom, a letter by Ambrose and a poem by Prudentius
    concerning Symmachus' attempt to have the altar of Victory
    restored to the senate house (AD 384), Hilary of Poitiers'
    commentary on the Psalms, and Prosper of Aquitaine's defence
    of Augustinian doctrines against Cassian's criticism
/118 St Jean d'Angély, a Cluniac house near the Atlantic coast

Ieronimum et sancti Ieronimi ad ipsum. Nam magnam partem
nostrarum in quadam obędientia casu comedit ursus.
       Salutat uos totus conuentus noster deuoto corde et quidam
125   (quibus loqui licet) corde simul et ore, inter quos frater Petrus
notarius noster se nominatim scribi rogauit. Omnipotens
Dominus noster Iesus Christus, qui hic nos uniuit spirituali
cordium affectione, in regno suo nos uniat sempiterna cohabitatione, et non intrans in iudicium cum seruis suis,
130   suppleat per gratiam quod deest meritis nostris.

43

34r2   ITEM AD THEODARDUM PRIOREM DE CARITATE

Sincerę caritatis uisceribus confouendo, fratri Theodardo
priori de Caritate, frater Petrus humilis Cluniacensium abbas,
in Spiritu Sancto discretionem adipisci spirituum.
5   Scribis michi sepe, karissime; et frequentes nuntii sibi
inuicem succedunt, quos ad me cum deprecationibus dirigis, ut
te a cura quam tibi imposui absoluam et, secundum quod dicis,
'Deo absque occupationis onere seruire' permittam. Obicis
naturę imbecillitatem, ęstatis intemperantiam, morborum in-
10   commoditatem. Detrimenta multa pati domum tibi commissam,
te talia patiente nec ad negocia sufficiente, denuntias. †A me
exigit† quod a te impossibilia exigo, et quod humeros tuos ad
ea ferenda quę ferre non ualent compello, affirmas. Agnosco
34v1   ego querelas non coruino sed columbino de corde / prolatas;

24/125   *quibus loqui licet*: some persons were permitted to speak
in the course of carrying out their duties; *Petrus*: Peter of
Poitiers, secretary and friend of Peter the Venerable
43/   1130/9. This letter to Theodard, prior of La Charité (north
of Nevers), is evidence both for the austerities practised even
by prominent Cluniacs and for Peter's attitude toward such
practices.
/14   *coruino*: the raven that refused to return to the ark (Gen.
8:6-7) was interpreted as the wicked man who feeds on the
carrion of vanity and refuses to mend his ways: B. Smalley
The Study of the Bible in the Middle Ages 2nd ed. (Oxford
1952) 247 and note.
columbino: see 53/306 ff and notes

15   ideoque neque illis moueor, neque (ut iniuriis a quibusdam qui
'non ea quę Dei sunt sapiunt' solet fieri) ad iniuriose
respondendum accendor. Te tantum aduertere ea quę dicturus
sum rogo. Quod prorsus facere non poteris, nisi obstinatę
uoluntatis appetitum fregeris. Non enim capax ueri consilii

20   animus esse poterit, nisi uelle suum utilitati proprię ratione sub-
diderit. Sunt sane sapienti multomagis appetenda amara saluti-
fera quam dulcia mortifera. Pręponenda contristans utilitas, sub-
ponenda noxia uoluntas.

      Hoc ad quid dicam attende. Audio quidem te de difficultate

25   pastoralis officii conquerentem, sed uideo te ipsum tibi causas
ipsius difficultatis inferentem. Video te inquam contra impositum officium, contra obędientię uirtutem, contra matrem
uirtutum caritatem, et ideo contra salutem tuam agere. Dum
enim ętati non parcis, dum assiduo labore te conficis, dum

30   corpus morbis innumeris conquassatum magis ac magis
indiscrete uiuendo conteris, uniuersa hęc quę a me tibi sunt
obiecta incurris. Sic namque te habendo, contra impositum
officium agere comprobaris, quia (sicut cotidie cernitur)
succumbunt iumenta oneri quibus non datur uictus necessarius

35   operi. Fortissima etiam quęque animalia deficiunt, si et labor
diutinus protendatur et laboris nullum leuamen subsequatur.
Clamant sancti doctores nostri, 'Perimendum hostem,
nutriendum ciuem.' At tu ex aduerso hostem perimere nequis,
dum hostem pariter et ciuem extinguere conaris. Nam non erit

40   qui hostem opprimat, si ciuis succumbat. 'Non penitus abrumpi,
sed retorqueri caput immolatę auis ad pennulas' lex iubet; tu
autem lege Dei contempta ad abrumpendum caput a corpore
toto conatu laboras. Sed non suscipit Deus holocaustum quod
contra legis suę decreta cernit oblatum. Suggessit Diabolus

/15 *iniuriis*: ablative of cause
/16 Matt. 16:23, Marc. 8:33
/24 *ad quid*, for what purpose, why
/37 Cf Gregory the Great *Moralia* XXX 18.63 (PL 76.558C)
/38 *ex aduerso*, on the contrary
/40 Levit. 5:8

45   Christo ut se perimeret, dicens 'Si filius Dei es, mitte te
deorsum.' Sed noluit spontaneo precipitio interire, qui
tamen uenerat pro mundi salute animam ponere, ut doceret
utiliter quidem carnem esse mortificandam, sed non more
homicidarum crudeliter perimendam. 'Nemo,' ait Apostolus,

34v2 'carnem suam / odio habuit, sed nutrit et fouet eam sicut et
Christus ecclesiam.' 'Sicut,' inquit, 'Christus ecclesiam.' Nutrit
quippe Christus et fouet ecclesiam, non maliciam; iustitiam,
non impietatem; naturam, non iniquitatem. Ostendit Apostolus
Christum sequendo ita se fouere ecclesiam, dum discipulo cui

55   inter cetera dixerat, 'Exemplum esto fidelium in uerbo, in
conuersatione, in caritate, in fide, in castitate', quia stomachum
dolebat, postmodum ait 'Noli adhuc aquam bibere, sed
modico uino utere propter stomachum tuum et frequentes
tuas infirmitates.' Sic post Christum summus doctor ecclesie,

60   ut etiam corpori sobrie prouideret, discipulum admonebat,
non ad interitum uiolenter compellebat. Cui et ille obediuit, et
laboriosum predicationis et ecclesiastice administrationis
officium non fugitando nec reclamando sed manendo et per-
sistendo expleuit.

65   Posses et tu, qui de impossibilitate causaris, iniunctum
officium implere, si ut discipulus ueritatis adquiesceres
obedire; si inquam precepto patris obedire, si fratrum caritati
uelles optemperare, et crimen inobedientie effugeres, et
impositum regiminis quantumlibet graue onus ferre prequaleres.

70   Nec mireris me crimen inobedientie nominasse, cum multis
hoc criminibus Propheta preferat, dicens 'Quoniam quasi
peccatum ariolandi est repugnare, et quasi scelus ydolatrie
nolle adquiescere.' Mandaui quippe sepius ut propter nimiam
quam ipse fateris morborum incommoditatem a conuentu,

75   aliorum infirmorum more, paululum secedens requiesceres:
nec fecisti. Iussi ut paulo remissioribus alimentis utereris: nec

/45 Matt. 4:6
/49 Ephes. 5:29
/55 I Tim. 4:12
/57 I Tim. 5:23
/71 I Reg. 15:23

obędisti. Pręcępi ut dispositioni fratrum, quorum erga te
caritatem exuberare gaudebam, quantum ad infirmitatis tuę
leuamen pertinebat optemperares: nec audisti. In quo fraternę
80   caritatis contemptu non parum te deliquisse, si bene perpendis
recognosces. Remota enim paternę iussionis auctoritate, quod
de cordibus fidelium ac pie uiuentium subditorum etiam prę-
latis caritas precipit non est aliquo modo contempnendum.
Quod si fit, non ille qui caritatis uerba proferre uidetur, sed
85   ipsa quę uerba eadem profert caritas spernitur. Quam qui
35r1   spernit, eam nullomodo habere / probatur. Iam uero caritatem
non habenti quid prosit ieiunium uel quęlibet corporis
exasperatio, ab Apostolo audi: 'Si,' inquit, 'tradidero corpus
meum ita ut ardeam, caritatem autem non habuero, nichil
90   michi prodest.' Abstine ergo a carnibus, abstine a piscibus,
abstine et si uolueris ab omnibus; afflige, uerbera, contunde
iumentum tuum; non dederis somnum oculis tuis; non
dormitent palpebrę tuę; noctes uigiliis, dies laboribus transige
— uelis nolis audies Apostolum: 'Etiam si tradideris corpus
95   tuum ita ut ardeat, nichil tibi prodest.' Iam hoc non est seruum
domino seruire non posse, sed nolle; immo ad maiorem con-
tumeliam ante uelle mori quam obsequi, ante interire quam
seruire, prius a facie eius fugitando delitescere quam seruitutis
onera tolerare.
100   Sed iam quia finire uerba festino, reuoca quęso, dilectissime,
ab hac intentione animum tuum; in breuissimo certamine pro
sempiterna requie desudando contende; noli ut piger seruus in
terra talentum abscondere; sit tibi pro tanta (si perstiteris)
reposita mercede permodicus uitę presentis labor. Et ut
105   laborando durare possis, interdum requie labores alterna, ut
non sicut hucusque fecisti obstinate laborando ad laboris de-
fectum, sed discrete operando ad laboris profectum, quod
forsitan non diu differetur, peruenire contendas.

/88   I Cor. 13:3
/92   *non dederis*, etc.: cf Psal. 131:4
/102   *piger seruus*, etc.: Matt. 25:14 ff

51

38r1   AD HVGONEM CATVLAM QVENDAM MILITEM/

38r2   Carissimo amico nostro domno Hugoni Catulę, frater Petrus
humilis Cluniacensium abbas, salutem et multum amorem.
Magno dilectionis affectu quo erga uos teneor compulsus,
5   non possum de salute uestra non gaudere et de periculo non
dolere. Nostis qua cathena non michi sed Deo, immo quod
uerius est michi propter Deum asstrictus teneamini, cum nullo
cogente sed spiritu Dei inspirante corpus et animam uestram
coram testibus in manu mea mysteriis cęlestibus consecrata
10   posuistis, uos ipsum in monachum pro arbitrio meo tradidistis,
in signum redditionis comam a me pręcidi et seruari uoluistis,
habitum religionis die constituta Cluniaci uos suscępturum
iurastis. Et nunc ut audio contra diuinam sententiam quę dicit,
'Non periurabis, reddes autem Domino iuramenta tua', et
15   contra Prophetam qui ait, 'Reddam tibi uota mea quę distinxerunt labia mea', Ierusalem ire disponitis. Sed quis
sapientem in tantum posse desipere credat? Credat, credat qui
uoluerit; ego me penitus credere diffiteor. Indignum est ut de
tanto tamque graui et ueraci amico ea a me credantur, quę de
20   quolibet scurra credere uix quilibet posset.
Sed quia licet sapienti, laico tamen et militi loquor, debeo
hiis quę uersari in corde uestro rationabiliter uidentur
respondere. Fortassis enim apud uos dicitis: 'Quę uita, quod
opus, quę conuersio sepulchro Domini potest componi? Ad
25   quod si quis ierit, quid simile facere poterit?' Ad quod ego:
Minora pro maioribus bonis possunt dimitti, pro minoribus
autem maiora uel pro paribus paria nunquam debent immutari.

51/   1146/7 (?). Peter urges the knight Hugh Catula to give up his
resolve to go on pilgrimage to Jerusalem. Hugh obeyed
(according to the chronicle of Cluny), fulfilling his earlier
promise to become a monk at Cluny.

/7   *asstrictus teneamini, uos ipsum* (**10**), *uos suscępturum* (**12**):
the polite plural forms of finite verbs and personal pronouns
take singular forms in agreement with them.

/14 Matt. 5:33

/15 Psal. 65:13-14

Maius est uero Deo perpetuo in humilitate et paupertate
seruire quam cum superbia et luxu Ierosolimitanum iter con-
30 ficere. Vnde si bonum est Ierusalem, ubi steterunt pedes
Domini, uisitare, longe melius est cęlo, ubi ipse facie ad faciem
conspicitur, inhiare. Qui ergo quod melius est promittit, quod
deterius est pro meliore compensare non potest. Nam si cuilibet centum promisistis solidos, salua sponsione ducentos
38v1 potestis reddere, sed solos quinquaginta sine pręuarica/tione
nullo pacto ualetis exsoluere. Tractate ista sapienter, et cauete
ne unde Deo placere festinatis, inde grauiter ei displicere in-
cipiatis. Rogo igitur ut cum pręsentium latore, uero amico
uestro, uenire acceleretis, ut quod hiis litteris nolo mandare,
40 uiuo uobis sermone ualeam intimare.

53
40v2 ITEM AD GERMANOS SVOS EIVSDEM MATRIS <SVĘ>
EPITAPHIVM

Carissimis fratribus et filiis Iordano, Pontio, Armanno, frater
Petrus humilis fratrum Cluniacensium abbas, fraternum ut
5 fratribus, paternum ut filiis dilectionis affectum.
42r1   … Veniat ergo tantę feminę conuersatio admiranda in
medium, ut ea cognita me uera dicere cognoscatis, et animos
mestitia exasperatos iocunda lectione et mutua collatione

51/28 *maius … conficere*: that is, *non sancta loca sed sancta opera*
saluant (letter 80 ed. Constable I 216)
/30 *si bonum est*: e.g., as a form of penance; see **164/20** ff
53/ late July/August 1135. Peter's mother Raingard died in June
1135 after twenty years as a nun at Marcigny, a renowned
Cluniac nunnery not far from Cluny itself. Though he addressed
this eulogy to his three brothers in monastic life, its hagiographical character shows that it was intended for a wider
audience. This selection (somewhat more than one-third of the
whole) includes an account of Raingard's life and character and
a consoling conclusion addressed to the nuns at Marcigny.
/6 In preceding sections (Constable *Letters* I 153-8) Peter described
his grief, defended the propriety of Christians' mourning the
dead, and asserted that Raingard continued to pray for her sons,
in heaven.

leniatis. Erit hoc absentis et defunctę matris quędam uiuax
presentia, et imago / uerorum ęmula a cordis uestri penetralibus
non recedet, qua nec post occasum uobis occidere nec post
tumulum ualeat interire. Cogit ipsa rei utilitas de qua agitur
non silere, ne si dicenda tacuero, tantam uobis materiam uidear
inuidere. Non debet alicui nostrum aliquid fieri singulare,
quibus non solum caritas sed etiam natura totum uoluit esse
commune.

At ego nec claritudinem generis nec amplitudinem
possessionis nec quantamlibet in ea commendandam suscępi
gloriam carnis — quarum illa rerum multis superior paucis
inferior erat — sed deuotum Deo animum, mundi contemptum,
cęlestium appetitum. Ad quę ut compendiosum transitum
faciam, cum in 'flore fęni' adhuc recubans iuncta esset uiro,
alligata mundo, ad ea uelut captiuus ad libertatem, uinctus ad
solutionem, exul ad patriam suspirabat; et se coniugali uinculo
prępeditam, hominibus ignoto Deo cognito mentis angore
deflebat. Ea de causa cum ciues ciuitatis illius cui inhiabat et
ad quam suspirabat forte occurrissent, adorabat, suscipiebat,
colebat, et abiecta omni domestica et mundana cura se totam
in eorum affectus et obsequia transfundebat. Suscipiebantur
monachi, trahebantur heremitę, et omnes habitu uel fama
religionis ornati passim ad hospitandum, etiam cum resisterent,
cogebantur. Non audebat iam quilibet talium per terram eius
iuri subiectam commeare quin ad eam diuerteret, et uno die
uel pluribus apud ipsam manendo, deuoto erga diuina animo
satisfaceret. Flebat remotis arbitris coram notis sanctitatis
uiris, et profundos gemitus profundebat, quod a lege uiri nondum soluta seruire seculo cogeretur, aliorum curam gerere, sui
negligere, externis tumultibus implicari, internis occupationibus
impediri, presentia amplecti, futura contempnere, et 'iram sibi

---

/9   *hoc,* this account of mine
/19   *quarum rerum,* in respect of which qualities
/22   I Petr. 1:24
/23   *ea*: that is, *cęlestia* (from *cęlestium appetitum*: /21)
/25   *hominibus ... cognito,* hidden from men but known to God
/26   *ciuitatis illius*: Jerusalem, a favourite image of monastic life
/39   Rom. 2:5

40   in die irę' malis innumeris thesaurizare. Hęc dicens, pro-
uoluebatur ad genua sanctorum, et uelut cum Maria peccatrice
pedes eorum lacrimis abluebat. Orabat eos ut pro se ad fores
ęternę misericordię instanter pulsarent, quatinus quę per se
audiri non merebatur, eorum precibus mediantibus audiretur.

45   Producta est eo usque talis intentio, nec a cępto cursu potuit
fatigari, donec famoso illi Roberto de Brusello ad se uenienti et

42v1 secum aliquamdiu / moranti impulsa uiolento ęstu animi se in
monacham ignorante uiro redderet, ut eo defuncto uel con-
cedente statim ad Fontem Ebraudi si superuiueret demigraret.

50   Fecit hoc, et timori Dei quem concęperat uelut inferiori molę
superiorem adiungens, beata spe Domini misericordiam
expectabat. Et ne coniugem, cui idem quod sibi debebat, tanto
charismate fraudare uideretur, eum adit, occulta detegit,
secreta pandit, horrenda ęternę mortis mala intentat, optanda

55   ęternę uitę gaudia commendat, prędicat fallacis mundi contemptum, obsecrat celerem ab eo recessum. Tandem tanti 'dux
femina facti' ad hoc maritum impellit, ut Deo sibi uitam
largiente, congruo tempore se cum ea seculo uelle renuntiare
[uelle] sponderet. Quod si alterutrum prius obire contingeret,

60   superstes statim uotum utriusque compleret. (Nam nec ipse in
toto expers diuini timoris uixerat, fide singulari uigens,
orationes frequentans, sepulchra sanctorum annuatim dis-
quirens, elemosinis insistens, hospitum indiscreta suscęptione
ultra quam dici possit exultans.)

65   Hoc inter coniuges pacto firmato, cum innumeris et maxime
pręliis utriusque deuotioni obuiantibus res protraheretur, superuenit meroris dies quo, coniuge de uita sublato, sicut turtur
socio uiduata remansit. In quo casu qualiter se habuerit, quam
uirili tantum infortunium animo tulerit, quam fidelem se uiro

70   coniugem (quod perrarum est) etiam post mortem ostenderit,

/41 *Maria*: Luc. 7:37-8
/46 *Roberto de Brusello*: Robert of Arbrissel, a celebrated preacher
    and the founder of Fontevrault (*Fons Ebraudi*)
/50-1 The lower millstone is fear of God, the upper is hope.
/56 Virgil *Aen.* 1.364
/66 *pręliis*: Peter's father fought in the First Crusade.

si narrare incipio, deficio; si aggredior, uincor; si conor, deicior.
Credite, karissimi, uereor uerba mea; et cogitans quę dicenda
et qualiter sint dicenda, pene cęptum desero. Sed quid agam?
Ignorantia prohibet, amor impellit; materia deterret, caritas ad-
75   hortatur; pondus premit, natura instigat. Sed meo hic iudicio
magis timenda est inutilis taciturnitas quam quęlibet incompta
loquacitas. Dicatur ergo utcumque quod prope nefas esset
silere.

Decumbente illo assidebat lecto immota, suique oblita
80   nichil nisi eius salutem meditabatur, ad quam procurandam
totis mentis facibus ardebat. A qua ne uel in modico in-
firmantis intentio auocaretur, ab omni cura corporali eius
42v2 primo animum absoluit, testamentum / eo pręsente composuit,
lites diremit, heredes instituit, castra diuisit, et ad unguem
85   uniuersa perfecit. Hiis ita ordinatis ut animę suę iam liber a
corporalibus consuleret, uelut de quadam docentis cathedra
me audiente admonebat ut conscientiam scrutaretur, peccata
confiteretur, sua pauperibus et monasteriis largiretur;
tremendum esse Dei iudicium, multam eius misericordiam;
90   spiritui absolutionem, corpori prouideret dum aduiueret
sepulturam. Intonabant clamoribus omnia; luctu et lacrimis
uniuersa miscebantur; confusę populorum uoces cęli altissima
quatiebant; filiorum corona, familię multitudo, nobilium
caterua mesta gemebat; sola, mulierem excedens, siccis oculis
95   uirili constantia perdurabat. Iudicabat satius esse occupare
animum utilitate morientis quam sociari populi fletibus in-
utiliter abiecta ratione dolentis. Vnde postquam confessione
munitum, corpore Christi refectum, monachili cucullo indutum,
gaudens pariter et merens pręmisit, corpus eius innumera
100   hominum pręcedente et subsequente multitudine Celsinanias
detulit; ac eum monachis inter monachos ut monachum
tumulandum contradidit. Ita terrę terram commendans, et

/98   *monachili cucullo,* etc.: in his last illness Peter's father took
       the monastic habit *ad succurrendum* (a frequently granted
       privilege) at the nearby Cluniac priory of Sauxillanges; his
       will gives the priory an estate 'for the sake of his soul and
       burial'.
/100   *Celsinanias,* to Sauxillanges

uelut quoddam depositum suo tempore restituendum com-
mittens, ad procurandam requiem spiritui totam operam con-
105 uertit; et amoris stimulis agitata, uniuersa perlustrat, prouincias
oberrat, ęcclesias uisitat, monasteria circuit, exhaurit in
pauperes ęrarium, facit sibi 'amicos de Mammona iniquitatis',
nefas putat si quem non munere donatum relinquat. Orat pro
defuncto, orat et pro se ipsa, ut et illi peccatorum remissio et
110 sibi detur a peccatis conuersio.
     Ordinat interea fugam; et mundo nouis rursum retibus
gressus eius impedire quęrenti, spe remanendi data, beata
fraude illudit. Nam magnis amicis monentibus ut denuo nuberet,
posse se magnarum opum et potentię copulam inire, maiores
115 rerum successus in promptu adesse, ita respondit: 'Et quidem
facio quod consulitis; et quam in breui potero, nouos thalamos
iterato nupta intrabo.' Tali responso uelut alia curantem
Diabolum deludens, et condigno talione fallacię principem /
43r1 fallens, prędam quam ille iam faucibus se continere credebat
120 hęc furari et subripere qua poterat arte curabat. Celat ergo imo
in pectore salutis suę archanum; et quasi a raptoribus thesaurum
abscondit, ut ab omnibus posset esse tutum quod omnibus
maneret occultum. Sed quia aliquorum ad hęc agenda egebat
auxilio, duobus tantummodo mysterium aperit, quorum nota
125 fides et constantia credenda eis omnia suadebat. Vni, qui laicali
licentia uiuebat, omnem (ut strenuo) fugę apparatum committit;
alii, probatę religionis monacho, spiritualia secreta prodit. Con-
stituitur dies quo de Ęgypto exeat, quo graui diu fasce depressa,
a iugo Pharaonis colla subducat. Sustinentur spe libertatis iam
130 leuiora Ęgyptiorum onera, et opera lutosa in breui commutanda
feruntur. Expectatur nouum Pascha, quo abiecto 'fermento
malitię et nequitię' epulari liceat 'in azimis sinceritatis et
ueritatis'. Et o quanta interim dissimulationis arte mentem
uultu uelabat, quanta de se seculo promittebat, quam hylarem

/107 *facit,* etc.: she 'makes friends for herself by means of the
      Mammon of iniquity' (Luc. 16:9) — that is, she uses her
      wealth to help others, to her own spiritual benefit.
/116 *quam ... potero,* as soon as possible.
/131 I Cor. 5:8

135 se etiam plus solito quibuslibet exhibebat! Videbatur se totam
seculo deuouisse, et nunc magis quam ante secularibus commodis inhiare. Sed in abscondito Deo canebat 'Deus, ante te
omne desiderium meum, et gemitus meus a te non est abs-
conditus.' Appropinquabat optatus dies, et feruens spiritu
140 animus requiescere nesciebat.

Nocte itaque diem mundi ultimam pręcedente Nichodemum
emulans, nocturna aduenit, et (o inaudita deuotio!) sepulchrum
coniugis adiit, et clam uniuersis pręsente tantum iam dicto
monacho, se supra illud proiecit, et lacrimarum fonte laxato
145 largis illud ymbribus inundauit. Deflebat in conspectu pii
Conditoris primo defuncti excessus, deplorabat et proprios
infinito cum merore reatus. Saciato dehinc post multum noctis
spacium luctuosis planctibus animo ad confitendum conuersa,
ordiri ab initio et narrare uniuersa coniugis et deinde propria
150 peccata seu crimina cępit, et confitendo ad mediam usque fere
noctem processit. Loquebatur uelut ore defuncti, et quasi
commutatis personis in coniuge uir pęnitebat. Hiis ita expletis
et ueteri peccatorum fece penitus exinanita obsecrat ut se
43r2 omnium / criminum ream sacerdos et uicarius Christi cui
155 uulnera animę suę patefecerat duris medicinę legibus subdat et
apud Marciniacum perpetuo pęnitentię carcere claudat. Hunc
enim supra nominato Fontis Ebraudi monasterio prętulerat,
quoniam et uenerabilis Robertus, cui se deuouerat, iam uitam
mortalem excesserat et post primum claustri ingressum more
160 illarum sanctimonialium extra pedem protendere nefas ducebat.
Horrebat plane saltem cernere quod ei iam cęno deformius
sordebat; et non superbo sed superno animi fastu terrena
omnia ut abiectissima contempnere incipiebat. Ideo prę ceteris
locis sacris Marciniacum elegit, ubi uelut columna cęlesti apta
165 ędificio immobilis perpetuo permaneret et, proprium semper

/137   Psal. 37:10
/141   *Nichodemum*: Ioan. 3:1 ff
/158   *uitam*, etc.: in February 1117
/159   *more ... sanctimonialium,* like the nuns of Fontevrault.
       Raingard preferred Marcigny because of its strict enclosure.
/161   *quod ... sordebat,* what now seemed to her more foul than
       mud, and despicable

pre oculis habens sepulchrum, ut mortuam se continua
lamentatione defleret. Nec timuit mutate sponsionis notam,
quando mutati loci occasio eius extitit aucta deuotio. Nam
licuit ei locum eligere ubi Christo posset tenacius inherere.

170   Suscepto dehinc a monacho quod ipsa sibi parauerat grauis
penitentie iugo, a terra mente simul et corpore surgit; et ipsis
nocturnis tenebris celans opera sua ac coniugi sepulto ultimum
uale dicens, ab eius sepulchro ipsa iamiamque sepelienda
recessit.

175   Electo deinde sapientium quorumdam et nobilium comitatu
ut consueto more ea que mundi sunt sapere uideretur, uelut
Cluniacum itura et sanctos fratres pro uiro rogatura, patrium
solum deserit et, alienos fines peregrinando ingressa, Cluniacum
sicut dixerat contendit. Quo deuota peruenens et quantum sibi

180   ac loco congruere iudicabat de suo largiens, impletis omnibus
que proposuerat, festina redit; et uotis iter preuenientibus
tandem Marciniacum, inde Paradisum ingressura, ingreditur.
Suscepta est immenso fratrum et sororum gaudio, qui ne-
scientes quid animo gereret, ut nouam hospitam multo eam

185   honore colebant. Erat tunc domus illa ualde rebus necessariis
attenuata, utpote que fere centenarium sororum numerum con-
tinebat et quoslibet aduenientes indifferenter propriis sumptibus
procurabat. Erat et angusta loci possessio, et redditus agrorum
uix paruo numero sufficiebant. Tunc et sub domno Gaufredo

43v1   Senmurensi erat Gerardus / loci sollicitus procurator, de cuius
deuota et sincera conuersatione in libro Miraculorum primo
plenius memoraui. Is sicut erat totus diuinis operibus et sacris
celestibus celebrandis perpetuo occupatus, quibusdam uirtutum
uiris quos ipse noueram sibi associatis, aures misericordis

195   Domini precibus impleuerat ut domum suam uisitaret et sibi
seruientibus necessaria prouideret. Hic quadam die dum altari
asstans missam de more celebraret, sicut ipse Christum uerbi

/168   *occasio ... deuotio,* the reason was her increased devotion.
/189   Geoffrey of Semur-en-Brionnais was prior of Marcigny;
       Gerald Le Vert (whose death is mentioned at 58/389) was
       chamberlain.
/191   *De Miraculis* 1.8 (PL 189.862C-71B)

sui testem adhibens affirmabat, uocem ad se delapsam audiuit
in hunc modum: 'Quod petisti, noueris te consecutum.' Inde
200 cum nocte more solito cubitum isset, aspexit (ut referebat) in
somnis, et ecce columba niueo candore decora ad eum accessit,
et supra atque in circuitu uolitans, eum ad se capiendam quodammodo uolatu domestico inuitabat. Quam ille manu com-
prehensam gaudens domino Hugoni sororum priori offerebat.
205 At ille letus eam suscipiens, fractis (ne auolare posset) alarum
remigiis lignea cauea includebat.

Hęc qui referente Gerardo audierunt de ipsa interpretati
sunt; quę uera fuisse ipse rerum exitus indicauit. Nam super-
ueniente die sacri loci penetralia introgressa, conuocato
210 monasterii priore, accitis sororibus, adhibitis etiam ad in-
speratum spectaculum sociis, hęc ad eos orsa est: 'Diu,
karissimi, communi lege uiuendi socios nos mortalis uita
habuit, et ab ipsis infantię cunis ad ęuum iam fere senile per-
duxit. Percucurrimus omnia, lustrauimus oculis uniuersa,
215 probauimus quęcumque mundus gratiora promittere potuit,
nec aliquid horum quę coram cernuntur curiosa sagacitas
intemptatum reliquit. Diuitiarum copia, parentum turba,
amicorum populus, alti sanguinis decus, ampla potestas, carnis
uoluptas, superbia uitę nil in terris extra se quęrere suaserunt.
220 Nichil ergo in imis ultra nobis restat quęrendum. Inuenimus
quicquid terra promittere, quicquid reddere potest.

'Sed uidete si illa nobis sufficere possunt. Multum uiximus:
sed sic est quasi nec momento temporis uixerimus. Plura
habuimus: sed quę iam habita transierunt, nostra iam dicere
225 nullo pacto ualemus. Carnem oblectauimus: sed nec quam-
libet paruas reliquias delectationis tenemus. Nunquam igitur
ista nos satiant; sed quantomagis hiis inhianter uescimur tanto-
43v2 magis / nos ieiunos sui saturitate dimittunt. Vnde quęrenda
sunt alia alibi remedia, quę esuriem reficere, sitim extinguere,
230 egestatem ualeant propulsare. Instigat ad hęc infida mundi

---

/204   Hugh was claustral prior, in charge of the nuns' spiritual
       direction.
/205   *alarum remigiis*: cf Virgil *Aen.* 1.301, 6.19

amicitia, quę illos tantum decipit quos in se spem posuisse cog-
noscit. Et ut de proximo exempla sumantur, quid coniugi
nostro tanta de uobis merito, qui uobis arma, qui equos, qui
pecunias, qui terras largiebatur, uos fidi, uos intimi, uos prę-
235   cordiales amici saltem sine corporalibus expensis defuncto
retribuistis? Quem pro eius ęterna requie exorastis? Quem
sanctorum adistis? Quem monachorum rogastis? Quam uel
modicam elemosinam erogastis?'
    Cumque respondissent se uere nichil horum fecisse, adiecit
240   'Doctores,' ait, 'mei effecti estis; et quid agere uel quid cauere
debeam indicastis. Non potero a uobis amodo expectare quod
tanto uestro domino et amico uos uideo denegasse. Stultum est
in homine ultra spem ponere, cum nec in amicissimis spem quilibet ualeat inuenire. Agendum michi est pro me ipsa, nec in
245   alio spes salutis proprię reponenda, ne forte dum alienum
ociosa prestolor auxilium, per meam culpam amittam diuinum.
Laboret corpus dum uiuit et pro se ipsa Deum anima exoret,
ne si prius defecerit, non sit qui pro mortua interpellet. Et ut
breui fine multa concludam et uobis quod hucusque celaui
250   aperiam, nunquam ostii limina quod uidetis excedam, nunquam
me mundus sub diuo uidebit, nunquam ab hac quam michi
elegi ulterius exeam sepultura.'
    Ad hęc illis insurgentibus et, quasi in amentiam subito
merore conuersi essent, domui ruinam si retineretur in-
255   clamantibus indeque ad lacrimas conuersis, rursum ait, 'Post
tempestatem quies, post pluuiam serenitas redit, et post fletus
uestros risus more nobis noto succedet. Interim uos redite ad
seculum, ego coram uobis iam uado ad Deum.' Et hęc dicens,
comitata sororibus claustrum ingreditur; et crine amputato,
260   ueste mutata, corde gaudente, columba iam dealbata a domno
Hugone priore secundum uisionis tenorem in caueam includitur,
et sanctis mulieribus beata iam mulier associatur. Gaudet erepta
de Babilonis fornace; et de igne in refrigerium introducta, atria

/254   *domui ... inclamantibus,* exclaiming that her family was
          ruined if she remained (at Marcigny)
/263   *Babilonis fornace*: Dan. 3:13 ff

44r1   Domini ingressam se esse lętatur. Discurrit iam / lętabunda per
265   gramina Paradysi; et 'in loco pascuę collocata, super aquam
refectionis educatur'. Carpit ut ouis dominica auidis morsibus
amenos flores; et pinguia prata oberrans, antiquam famem
copioso pastu compensat. Congregat in breui multarum opes
uirtutum; nec patitur in 'uia mandatorum Dei' aliis segnior
270   inueniri, sed ęquans noua uelocitate priores, festinat ueteres
citatis gressibus anteire.

Ac primo se omnibus humilitate subicit, ancillam fatetur,
famulam exhibet, quia secundum Dominum 'non uenerat
ministrari sed ministrare'. In qua uirtute ita omnibus com-
275   placebat ut nichil de affectu defraudantes, toto eam cordis
amplecterentur complexu. Quid uero de cordis contritione, de
cotidiana confessione, de continua lamentatione memorare
potero, quando nec Niniuitis in contritione nec Dauid in
confessione nec Maria in lamentatione inferior apparebat? Nec
280   primo tantum conuersionis tempore, ut quibusdam moris est,
ista egit; sed toto quo aduixit ęuo corpus labori, cor pęnitentię,
oculos lacrimis dedicauit. Erant illi lacrimę suę panes die ac
nocte, ita ut sepe spiritualiter diceret animę suę, 'Quare tristis
es, anima mea, et quare conturbas me?' Et consolando sub-
285   iciebat, 'Spera in Deo, quoniam adhuc confitebor illi, salutare
uultus mei et Deus meus.' Testabantur sorores ita eam plerum-
que fletibus affici ut pene uideretur exanimari. Prosternebatur
corpore in conspectu piissimi Redemptoris humilis eius ancilla;
et cum aliquando genibus flexis oraret, uiolento ęstu animi in
290   terra etiam cum nollet deiciebatur. Tanta erat in ea uis spiritus,
ut animo ad cęlestia rapto quandoque impos proprii corporis
uideretur. Occultabat se tamen quantum poterat, sed dum

/265   Psal. 22:2
/269   Psal. 118:32, Benedict *Regula* Prol. 49
/273   Matt. 20:28
/278   *Niniuitis*: Ion. 3:5 ff; *Dauid*: a reference to the *Miserere*
(Psal. 50); see *ODCC*[2] 377 'David'
/279   *Maria*: Luc. 7:37-8
/283,285   Psal. 41:6, 12; 42:5
/288   *corpore,* bodily

semper ęcclesiam occupat, sola semper esse non poterat.
Vigiliis insuper et ieiuniis immanem corpori persecutionem
295   indixit; et in tantum hiis et aliis laboribus uires et carnes ex-
hausit ut carnibus exinanita, cute ossibus adherente michi
(post aliquot annos Marciniacum aduenienti) ut filio mater
alludens secreto diceret, 'Gratias Deo, quia superflua mundi
44r2   amisi. Veteres carnes quibus seculo seruieram perdidi. / Iam
300   nouas induam quibus noua Deo obsequia impendam.' Psalmos,
quos et in seculo didicerat, assidue decantabat.

Cum igitur omni studio spirituali theorię intenderet et
animum omni uirtutum prouectu cotidianis incrementis ad
cęlestia subleuaret, ad Marthę eam ministerium transtulerunt,
305   et propter singularem industriam cellarariam esse monasterii
pręceperunt. Nam non erat illa 'columba seducta non habens
cor' sed erat columba 'super riuulos aquarum', simplicitatis
ęuangelicę 'lacte lota' et serpentis non malitia sed prudentia
pfędita. Retulerat de Ęgypto spolia Ęgyptiorum, quę Hebreis
310   fratribus impenderet et quibus Deo in deserto huius
peregrinationis seruiret. Vnde obędientia compellente inuita de
claustro educitur et curam sororum suscipere cogitur. In quo
officio qualiter ministrauerit, uix a me explicatur. Agebat eo
studio curam uniuersorum ut amore mater, obsequio ancilla
315   omnium diceretur. Exercebatur ardor dudum concęptę caritatis,
et ignis in eius pectore diu occultus in flammas prorumpere
gestiebat. Oportebat ut quę Deum ex toto corde in silentio

/304   *Marthę ministerium*: Luc. 10:38-42; see **24**/89 note
/305   *cellarariam*: the cellarer, an important official, oversaw food
preparation, distribution of supplies, and care of the sick;
see Benedict *Regula* 31
/306   Ose. 7:11; no 'silly senseless dove', she combined simplicity
with astuteness
/307   Cant. 5:12; *simplicitatis,* etc.: Matt. 10:16
/309   *retulerat,* etc.: that is, she employed for the good of the
nunnery the skills acquired in secular life. For 'spoiling the
Egyptians' (Exod. 3:22, 12:35-6), see Augustine *De
Doctrina Christiana* 2.60-1; and **1**15/35.
/310   *huius peregrinationis*: the notion of this life as a spiritual
quest – both exile and pilgrimage – became popular in the
twelfth century; see R. W. Southern *The Making of the
Middle Ages* (New Haven 1953) 222; and **1**15/36.

diligere didicisset, se quoque secundum Domini mandatum
diligere proximos eis obsequendo probaret. Seruabat tenaci

320   memoria nomina singularum et uelut de libro cotidie pro-
ferebat cum nominare aliquam quęlibet earum necessitas
exigebat. Scripserat in mente sua quo unaquęque corporali in-
commodo laborabat, et morbos earum uel qualitates sollicita
annotauerat, ut posset unicuique absque errore subuenire, cum

325   nichil eam talium contingeret ignorare. Nouerat eas ut nobiles
et delicatas, ut fragiles et infirmas, pro sexu, pro loco, pro usu
multis egere; et ideo mentem ne quid eis deesset multo
sollicitabat angore. Occupabat animum seruilium cura
officiorum, et ancillarum Dei se famulam esse gauisa, uilia quę-

330   que ministeria procurabat. Variabat in corde suo diuersos
apparatus ciborum, et talium inexperta coquinę disciplinam
addiscere cogebatur. Huic assa, illi elixa, salsa isti, insulsa alteri
prouidere sollicita 'circa frequens ministerium satagebat'.
Pręparabat ipsa, coquebat ipsa, inferebat ipsa, et ut nil sibi de

335   mercede periret, nichil sibi de labore imminui patiebatur.
Collegerat uno suo in corde animos singularum; et quid unaquę-

44v1   que / magis affectaret agnoscens, effectu operis omnium
affectibus consonabat.

Cumque sepe paupertas caritatis eius diuitiis non responderet,

340   tristabatur, dolebat, et quia satisfacere uniuersis pro uoto non
poterat, magno tormentorum supplicio torquebatur. Et cum a
non habente multa exigerentur, secundum Regulam 'patientiam
seruabat' in corde, mansuetudinem referebat in sermone, nec
tristis ab ea recedere poterat, quam mentis hylaritate ac

345   uerborum iocunditate replebat. In qua uirtute ita pręcelluit ut
sorores omnes ea defuncta attestarentur nunquam per uiginti
fere annos quibus inter eas conuersata est uerbum aliquod
durum ab eius ore uel leuiter se audisse. Sic semper hilaris,
semper iocunda, non solum nichil nubilum pręferebat sed et si

350   quas tristitię nebulas in perturbatis mentibus aliquando

/319   *diligere proximos*: Matt. 19:19
/333   Luc. 10:40
/342   Cf Benedict *Regula* 7.35, 31.6,7

offendisset, sereno uerborum lumine exturbabat. Habent hoc
proprium sanctę mentes, ut semper in spirituali gaudio con-
uersentur; et non in seculo sed in Deo exultantes, implent quod
Apostolus ait: 'Gaudete in Domino semper, iterum dico
355   gaudete.' Quod non frustra ab Apostolo ingeminatum si quis
attendit intelligit. Nam sicut nequam homines pessimi cordis
tenebras in uultu prętendunt et quo demigraturi sint furiosorum
uerborum horrore pręlocuntur, sic sanctę animę gloria felicis
conscientię serenatę et spe futurorum bonorum adgaudentes,
360   nil nisi lętum sapere, nil nisi iocundum loqui nouerunt. Ita
famula Dei, discens a Christo 'mitis esse et humilis corde' et
audiens ab eo 'beati mites' et a Propheta, diligit 'mansuetos
Dominus', cordis humilitati et uerborum mansuetudini operam
dabat; et ancillis Domini sui, ut de beata Cecilia legitur, sicut
365   'ouis argumentosa' deseruiebat.

Et licet in uerbis suis omnibus complaceret, nichil tamen
ludicrum, nichil ociosum ab ea proferebatur, sed eum linguę
loquendi modum imposuerat, qui et regulam non excederet et
omnibus satisfaceret. At cum ad quarumlibet rerum collationem
370   aut sponte aut uocata accedebat, tunc uere erat sentire quid
intus gereret uel quid apud se sedula cogitatione uersaret. Nam
ut quod sentio fatear, superabat quoscumque uidisse me recolo
grauitate simul et sanctitate uerborum, ut si eam audires, non
mulierem sed episcopum loqui crederes. Totus sermo eius,
44v2   sacro 'sale con/ditus', nichil insipidum exhibebat, totus de
cęlo pendebat; totus pręsentium contemptum amorem in-
uisibilium pręferebat ...
46v1   ... Ecce sepulta iacet in conspectu pietatis uestrę humilis

/354   Philip. 4:4
/361   Matt. 11:29
/362   Matt. 5:4; Psal. 146:6
/364   *Passio S. Ceciliae* ed. B. Mombritius *Sanctuarium* 2 vols.
         (Paris 1910) I 333 line 39
/370   *erat,* it was possible, one might
/375   Col. 4:6
/378   After thanking the nuns for receiving his mother, Peter
         explains to them the meaning of her death; for omitted
         passage, see Constable *Letters* I 166-72.

Dei ac uestra ancilla, et licet exanimis ac silens uiuo tamen ac
380   multo si aduertitis clamore hortatur. Offert assidue se ipsam
uobis, ingerit oculis uestris cineres suos, et ut sui recordemini
et uestri non obliuiscamini, ut soror sororibus, mortua
mortalibus inclamat. Ostendit quid ipsa nunc, quid post
paululum uos; ubi corpora uestra humanda, quo spiritus sit
385   migraturus commendat. Cernitis cotidiano intuitu sepulchra
uestra, et hospitia mortalis naturę coram semper intuemini,
ubi (quamdiu mors dominatur) requiescere et unde (morte
absorta) speratis resurgere.

Sit ergo hic uester contuitus uobis sermo continuus, et ad
390   concupiscenda toto nisu perpetua ipse uos temporalium quem
cernitis defectus inflammet. Seruntur interim, uelut in orto
arborum semina, sic in sacro cimiterio uestra corpora, quę
secundum Apostolum uiuificari non possunt 'nisi prius
moriantur', nec resurgere nisi occidant, nec reuirescere nisi
395   putrescant. Oportet plane illa putrescere ut possint reuirescere,
46v2   / arescere ut possint florere, occidere ut possint resurgere,
mori ut possint uiuere. Toleranda est hyems pręsentis uitę, et
niuium ymbriumque magnanimiter asperitas sustinenda, quamdiu arborum fructuosa amenitas latet, quamdiu 'nondum
400   apparuit quid eritis', quamdiu 'uita uestra abscondita est cum
Christo in Deo'. Veniet tempus quando aĕre serenato, gelidis
tempestatibus uer ęternum succedet, cum sol nunquam
occasurus exoriens splendore tenebras calore frigora uniuersa
propellet, et incognito terris lumine mundum natura stupente
405   perfundens, ueteri nocte deturbata nouam et continuam diem
adducet. Tunc tepore mirabili tellus fętata in nouos flores ac
fructus semina corporum uestrorum erumpere coget, cum
'corruptibile hoc incorruptionem, et mortale hoc induerit
immortalitatem' ...

/387   *morte absorta*: I Cor. 15:54
/393   I Cor. 15:36
/399   I Ioan. 3:2
/400   Col. 3:3
/408   I Cor. 15:53

58

48r2   AD PETRVM PICTAVENSEM SVVM IN CHRISTO FILIVM KARVM

Carissimo filio Petro, frater Petrus humilis fratrum Cluniacensium
abbas, per boni filii seruitutem benigni patris hereditatem.

Post colloquium Aquitanici principis, quem calice Babilonis
5   inebriatum Christi calice potare non potuimus nec scismatico
sapore quo nimium imbutus est catholico antidoto exhaurire,
regressum magis quam processum pluribus ex causis utilem
iudicans, retro redire disposui. Non ea tamen uia qua ueneram
regrediens sed per ultimos Andegauorum ac Cenomannorum
10   fines iter faciens, totoque pene occidui oceani littore peragrato,
in Franciam cum sociis me recępi atque Parisius adorandam
Saluatoris Natiuitatem exegi.

Ibi ergo positus et tui recordatus, immo nunquam uel
breuissimo temporis spacio oblitus, quanto tuam cum adest
15   iocundius amplector pręsentiam tanto molestius tolero
absentiam. Ad hanc molestiam aliquantulum pro ratione
temporis leniendam, de locis campestribus tibi in sublimi

58/   early January 1134, during the schism between pope Innocent II
and the antipope Anacletus II. While touring Cluniac houses in
Aquitaine, at that time a centre of papal schism, Peter met
(unsuccessfully) with leading supporters of the antipope, then
went north to Paris. Meanwhile Peter of Poitiers, who was
reluctant to revisit his native region of Poitou (fearing the
influence of former associates, possibly the schismatics), had
secured grudging permission to remain behind in some
mountainous retreat. In this letter, written probably at the
monastery of St-Martin-des-Champs in Paris, the abbot urges
Peter of Poitiers to rejoin him.

/4   *Aquitanici principis*: William X, count of Poitou and duke of
Aquitaine; *calice Babilonis inebriatum*: Ier. 51:7
/5   *scismatico ... exhaurire,* by means of some orthodox remedy
to rid of the schismatic odour of which he reeks
/16 *pro ratione temporis,* as time allows
/17 Peter, contrasting his position in the fields (*locis campestribus*:
also a play on the name of St-Martin-des-Champs) with the
position of Peter of Poitiers in the mountains, then draws an
allegorical contrast between his own preoccupation with
mundane business and the other's lofty spiritual concerns.

montis uertice constituto scribere uolui, ut tali saltem
remedio et te michi mente dum hęc legis pręsentiorem ex-
20   hibeas et quantum inter meorum humilitatem camporum
tuorumque altitudinem montium differat sollicitus aduertas.
Tu quippe in monte positus libero cęlum oculo contemplaris;
ego in imis constitutus et de illorum iam pene numero
existens qui iuxta Prophetam 'introibunt in inferiora terrę',
25   non nisi late patentes campos et largissimis spaciis rura diffusa
intueor. Tu ipso loci situ mundum subiectum pedibus calcare
uideris; ego pedibus uniuersorum substratus cum Psalmista
defleo, dicens 'Conculcauerunt me inimici mei tota die.' Tu, /
48v1 siluarum densitate circumseptus, in alto uelut in profundissima
30   ualle absconderis; ego, flantibus undique uentis expositus, quo
flatuum uiolenta impellit diuersitas, quasi preceps actus abripior.
Tu, uix terram gressibus tangens, mentis conatu in superna
suspenderis; ego, stabili planta terrę inherens, (proh dolor!)
assiduo uestigia puluere fędo. Et o utinam tenui et cito
35   abstergendo puluere gressum fędarem, et non me totum luto
secularium negotiorum necessitate aut aliquando etiam
uoluntate immergerem! Sed et quando immergor, utinam uel
statim emergerem ac Deo cum Propheta cantarem, 'Eripe me
de luto, ut non infigar'!
40   Sed non quia miserias meas lugeo, idcirco tuę felicitati
inuideo. Non inuideo inquam sed congaudeo, quoniam bonorum
uitam, etsi imitari nequeo actu, pio tamen semper institui
colere affectu. In montibus igitur tuis nostrarum uallium
recordare, quoniam et Moyses, in montem Dei conscendens,
45   populi in campestribus constituti oblitus non est sed pro eo
Domini misericordiam instanter deprecatus est. Et licet ei
semper in montibus familiarior cum Deo fuerit collocutio,
tamen pro hiis qui in inferioribus remanserant frequentior
fundebatur oratio. Interminabatur quidem per legis latorem

/24 Psal. 62:10
/28 Psal. 55:3
/38 Psal. 68:15
/44 *Moyses,* etc.: Exod. 32:11-13

50 populo Deus, dicens si quis 'tetigerit montem, morte morietur';
    sed tamen ne moreretur populus in monte principaliter agebatur.
    Quicquid sane Moyses in monte solus agebat, hoc omnium in
    uallibus constitutorum saluti proficiebat. Ipsis quippe ascendit,
    ipsis quadraginta diebus ieiunauit, ipsis legem digito Dei in
55 tabulis scriptam accępit, ipsis ueniam sacrilegii multis uix
    precibus impetrauit, ipsis non solum montis solitudinem sed
    etiam propriam uitam, quantum in ipso fuit, impendit.
        Sic et Dominus atque Saluator post salutarem prędicationem,
    post corporum humanorum curationem, post multiplicium
60 miraculorum operationem in montes conscendebat, sicut
    Ęuangelium loquitur: 'Et dimissa turba, ascendit in montem
    solus orare.' Et rursum: 'Subiit ergo in montem Iesus et ibi
    morabatur cum discipulis suis.' Et secundum quod alibi legitur,
    noctibus quidem in monte Oliueti morabatur, diluculo autem
65 in Templum ueniens docebat. Sed et quod hoc assidue faciebat
48v2 Ęuangelista Marcus indi/cat, dicens 'Et egressus ibat secundum
    consuetudinem suam in montem Oliuarum.' In ipsa etiam
    montis solitudine non cum aliis sed remotum ab illis orasse
    alius Ęuangelista confirmat, qui eum dixisse discipulis memorat,
70 dicens 'Tunc ait discipulis suis: "Sedete hic donec uadam illuc
    et orem." ' Et Lucas sequitur: 'Et ipse auulsus est ab eis
    quantum iactus est lapidis, et factus in agonia prolixius orabat.'
    Licet ergo tantopere secretum orationis peteret, non pro se
    tamen sed pro persecutore populo orabat, dicens 'Pater, si fieri
75 potest, transeat a me calix iste.' Non enim ne pateretur orabat
    − qui ut pateretur aduenerat, sicut ipse paulo ante dixerat:
    'Propterea ueni in horam hanc' − sed ne passione sua, qua
    mundus saluabatur, gens Iudęorum perfida dampnaretur.

/50 Exod. 19:12
/61 Matt. 14:23
/62 Ioan. 6:3
/64 *in monte Oliueti,* etc.: Ioan. 8:1-2
/66 *Marcus*: actually Luc. 22:39
/70 Matt. 26:36
/71 Luc. 22:41, 43
/74 Matt. 26:39
/77 Ioan. 12:27

Semper uero eum non pro sua sed pro mundi salute orasse, qui
80 eum Saluatorem et Agnum Dei esse 'qui tollit peccata mundi'
intelligit nullatenus ignorat.

Quia ergo, fili karissime, in montis conscensu ac solitaria
conuersatione iuxta tibi collatam gratiam Dominum et eius
famulum imitaris, in ceteris quoque prout poteris imitare, ut
85 sicut ego bonę uoluntati tuę solitudinis quietem prouidi, ita tu
meis laboribus aliquod orando leuamen prouideas. Affectui
enim quo te in Christi caritate toto animi nisu ut nosti com-
plector, non solum orationes tuas sed, ut Paulus Philemoni ait,
'te ipsum debes'. Quid enim michi non debeas, cui uix aliquem
90 amando ęquaui? Quid michi non debeas, qui nec michi ipsi
plus quam tibi unquam debere uolui? Nec mirandum si tantum
de me potueris promereri, cum moribus et conuersationi tuę
condigna uix retributio ualeat inueniri. Quo enim aut quanto
pręcio, ut de ceteris uirtutibus tuis taceam, michi uel moribus
95 meis consimilem uel conformem potero aliquando mercari? Si
Scripturarum Sanctarum libuit abdita rimari, te semper
paratissimum repperi. Si de secularis litteraturę scientia (gratia
tamen diuinę) aliquid conferre placuit, promptum et perspicacem
inueni. Si de mundi contemptu et cęlestium amore sermo fuit,
100 qui ceteris frequentius et familiarius inter nos uersabatur, in
tantum uerba tua a terrenis seiuncta nil mortale sonabant, ut
iam michi dicere uideris, 'Vt non loquatur os meum opera /
49r1 hominum.' Quę me, ab humanis occupationibus redeuntem atque aquilonali frigore congelatum, uelut austrini flatus tepore
105 sic resoluebant et ita in diuinum amorem spiritus sepe calore

/80   Ioan. 1:29
/81   *ignorat*: the subject is *qui eum … intelligit*
/84   *famulum*: Moses (above /44 ff)
/86   *affectui*: indirect object of *debes* (/89)
/89   Philemon 1:19; *cui … ęquaui,* to whom almost no one
        stands equal in my affection
/97   *gratia tamen diuinę,* though for the sake of sacred
        (learning)
/102   Psal. 16:4
/103   *quę*: i.e., *uerba tua* (/101)

liquabant, ut etiam hinc a Psalmista dici posset, 'Emitte
uerbum tuum, et liquefaciet ea; flabit spiritus eius, et fluent
aquę,' et ego cum sponsa in Canticis cantarem, 'Anima mea
liquefacta est, ut dilectus locutus est.' Erant michi uniuersa
110   fastidio; onerosa omnia sentiebam; uelut sub graui fasce pene
succumbens gemebam, illis sociatus de quibus in Iob legitur,
'Ecce gygantes gemunt sub aquis.' Nulla uspiam requies, nullum
a quolibet leuamen, donec ad te reditum ipsa michi necessitas
indicebat. At postquam aliquantulum secreti tecum nancisci
115   poteram ac breuia saltem miscere colloquia, quasi multo pabulo
confortatus, uiribus innouatis ad laborem acrior insurgebam;
implebasque illud diuinum mandatum: 'Si uideris asinum
proximi tui succubuisse in uia, non pertransibis sed subleuabis
cum eo.' Tuo certe studio (secundum beatum Gregorium)
120   quasi anchorę fune ne in alta pelagi contrariis flatibus ab-
riperer retrahebar, et littori proximus, licet etiam ibi multum
fluctuans, inherebam.

   An mente excessit de mundi multiplicibus miseriis frequens
illa et feruens collatio? An uentis (ut dicitur) tradita est illa
125   propriorum periculorum lacrimosa deploratio? An memorię
sublata est terrena omnia fugiendi et soli Deo uacandi totiens
repulsa intentio? O quotiens clausis ianuis, nullo nobiscum
admisso mortalium, illo tantum teste qui de se cogitantibus aut
conferentibus nunquam deest, formidolosus sermo inter nos
130   habitus est de cordis humani cęcitate atque duritia, de diuersis
peccatorum laqueis, de uariis demonum insidiis, de abysso
iudiciorum Dei, quam 'terribilis sit in consiliis super filios
hominum', quod 'quibus uult miseretur et quos uult indurat',
et quod nescit homo utrum amore an odio dignus sit, de incerta
135   et formidabili uocatione nostra, de dispensatione salutis humanę

/106   Psal. 147:18
/108   Cant. 5:6
/112   Iob 26:5
/117   Exod. 23:5
/120   Cf Gregory the Great *Moralia* VI 37.58 (PL 75.762D)
/132   Psal. 65:5
/133   Rom. 9:18

per incarnationem filii Dei ac passionem facta, de tremendo
ultimi iudicii die, de incomprehensibili diuini examinis
49r2   seueri/tate qua in perpetuum malos punit, de inenarrabili
misericordia qua ęterna bonis premia reddit.

140   Horum et similium a mundano strepitu semota collatio
michi quodammodo in medio hominum heremum referebat et
Domini tabernaculum repręsentabat, ad quod a mundi
tumultibus ueluti Moyses a Iudęorum lapidibus confugiebam.
Fatigatus litibus hominum et forensium discęptatione causarum,
145   hic quiescebam; sollicitatus in modica rei familiaris cura et
confectus multiplici curarum distensione, hic recreabar;
molestatus predonum irruptione, nostrorum interfectione,
uaria locorum depopulatione, hic meroris animum commutabam.
Neuos de seculi sordibus contractos hic diluebam, et fermentum
150   'azimis sinceritatis et ueritatis' contrarium hic expurgabam. Et
quid multa? Vere, secundum Ysaiam hoc 'tabernaculum michi
erat in umbraculum diei ab ęstu, et in securitatem et in
absconsionem a turbine et a pluuia'.

Nec hoc solum domi; sed quocumque gressum conuerterem,
155   te mea uestigia comitantem habebam. Hoc nobis pariter per
diuersa terrarum spacia gradientibus nec solis ardor, nec
gelidus boreas, nec uentorum turbines, nec nymbosa dies, nec
lutosa tellus, nec aspera montium, nec deuexa uallium abs-
tulerunt. Vbique quiescentibus paululum magni maris fluctibus,
160   hoc nobis mansit secretum. Ita te in omnibus unanimem
habebam, ita quod in me aduertebam in te cognoscebam, ut in
te uno et pene solo illam uerę amicitię diffinitionem expertus
sim, 'idem' scilicet 'uelle et idem nolle', ut nunquam michi
potuerit placere quod tibi displicebat, nec displicere quod tibi

/143   *Moyses*: cf Exod. 17:4, Num. 20:2-6
/147   *nostrorum,* of our monks
/150   I Cor. 5:8
/151   Isai. 4:6
/163   Sallust *Catil.* 20.4 (proverbial)

165 placebat, et iuxta id quod dictum a quodam legitur non duobus
corporibus duę sed una utrique corpori uideretur inesse anima.
Quod si tantus in nescientibus Deum esse potuit amoris affectus,
ut non substantias confundendo sed uoluntates uniendo hoc
dicere possent, quid mirum si 'caritas Dei, quę diffunditur in
170 cordibus hominum per Spiritum Sanctum', in eo nos uniuit
'qui facit utraque unum' quique Patri de discipulis ait 'Vt sint
unum, sicut et nos'?
　　Sed iam tempus est querelarum, ut quod diu parturiui nunc
tandem pariam. Nam tu, tu inquam in hanc caritatem offendisti,
175 tu diuinam unitatem diuisisti, tu pactum cęleste rescidisti,
49v1 quando amicus amicum, / intimus intimum, et (ut iam pro
imperio loquar) pręlatum subditus, magistrum discipulus,
abbatem monachus, ne dicam dominum seruus reliquisti. Sed
etsi seruum uocarem, in quo excęderem? Regula enim pręcipit
180 ut 'omni obędientia monachus se subdat maiori'. Si omni,
tunc et seruili. Si omni, igitur seruili. Seruus ergo meus es.
Conqueror itaque seruum meum dominum fugitantem, latibula
quęrentem, sequi renuentem, seruire nolentem. Imitando certe
Dominum et Deum tuum, obędientiam 'usque ad mortem'
185 promisisti; sed hanc nec usque ad modicum laborem seruasti.
Descendit ille obędiens de cęlis ad terram; tu refugis ire de terra
ad terram. 'A summo cęli egressio eius, et occursus eius usque
ad summum eius'; tuus nec de Algido monte Christi causa
egressus nec breui itinere exacto ad ipsum potest esse regressus.
190 Non sane tantis te putabam montium niuibus opprimi ut
caritatis ignem in te patereris extingui.

　/165　non duobus corporibus, etc.: for parallels, see A. Otto
　　　　Die Sprichwörter der Römer (Leipzig 1890) 25-6; Constable
　　　　Letters I 183; Peter Abelard 'Lament of David' in The Oxford
　　　　Book of Medieval Latin Verse ed. F. J. E. Raby (Oxford 1959)
　　　　249, lines 79, 80
　/169　Rom. 5:5
　/171　Ephes. 2:14; Ioan. 17:11
　/178　reliquisti: see first note on this letter
　/180,184　Benedict Regula 7.34
　/187　Psal. 18:7
　/188　Algido, niuibus (/190): cf Horace Carm. 3.23.9 niuali ... Algido

Sed dicis, 'Obędientię ego limitem non excessi, quia patris
permissione remansi.' Sed tu non eam spontaneam accępisti
sed extortam importunis precibus rapuisti. Hoc plane non fuit
195   obędire. Quid ergo est obędire? Vt monachorum lex loquitur,
propriam relinquere et magistri uoluntatem implere. <Vnde in
eadem Regula scriptum est, 'Secundus humilitatis gradus est,
si quis propriam non amans uoluntatem, desideria sua non
delectetur implere> sed uocem illam Domini factis imitetur,
200   dicentis "Non ueni facere uoluntatem meam sed eius qui misit
me." ' Voluntas igitur pręcipientis magis quam uerbum,
affectus magis quam uox, intellectus magis quam sonus uero
monacho obseruanda sunt. Sed dixisti, 'Ego quidem manebo,
sed Deum pro salute uestra exorabo.' Sic et Saul peruerse Deo
205   sacrificare magis quam obędire eligens, et cupiditatem suam
eius uoluntati pręponens, audiuit a Propheta, 'Nunquid uult
Deus holocausta et uictimas, et non potius ut obędiatur
uoluntati eius?' Constat igitur quia prępositorum uoluntati
obędiendum est, et tunc demum est uera et salubris obędientia
210   discipuli cum sua postposita non tam uocem quam uoluntatem
sequitur magistri. Nam quando importunitate seu pusillanimitate
sua contrarium uoluntati magistri discipulus extorquet prę-
cęptum, non ipse magistro sed magister ei obędisse dicendus
est. Sic ego tuę uoluntati obędiens, quem nolle pergere uidi, ut
49v2   remaneres concessi. Tu ergo / ordinem peruertisti; tu caput in
caudam mutasti; tu prępostero gradu me ultimum te primum
constituisti, dum patrem filius, dum magistrum discipulus,
dum abbatem monachus sequi contempsisti. Ecce me laborante
tu quiescis; me uigilante tu dormis; me clamante tu taces; me
220   pugnante tu uacas; me orbem lustrante tu in tuo monte resides.
    Non sic bona illa femina Ruth, quę socrui Noemi, cui diu
adheserat, ualde instanti ut ad suos reuerteretur respondit,
'Ne aduerseris michi ut relinquam te et abeam. Quocumque
perrexeris, pergam. Vbi morata fueris, et ego morabor. Quę

/197   Benedict *Regula* 7.31, 32
/206   I Reg. 15:22
/210   *sua postposita*: i.e., *uoluntate*
/223   Ruth 1:16-17

225 te morientem terra susceperit, in ea moriar, ibique locum
     accipiam sepulture. Hęc michi faciat Deus et hęc addat, si non
     sola mors me et te separauerit.' Sed fortasse mulier tibi
     uidebitur ęthnica nec admittenda in testimonium. Est tamen
     illa cuius Vetus Scriptura et Ęuangelium honorifice meminit et
230 de cuius germine Dei filium humanam carnem suscępisse scribit.
     Veniat tamen et ille, alienigena quidem natione, sed uir uirtutis
     laude merito inter uiros ponendus, Ethai uidelicet Getheus, qui
     relictis patriis erroribus magno illi regi Dauid adheserat, eiusque
     socius indiuisus erat. Cui regem a facie parricidę filii fugientem
235 cum multa sociorum manu pręcędenti et ad pugnandum pro
     eius salute parato, ipse rex ait, ' "Reuertere, et habita cum rege,
     quia peregrinus es et egressus de loco tuo. Heri uenisti, et hodie
     compelleris nobiscum egredi? Reuertere, et reduc tecum fratres
     tuos. Ostendisti gratiam et fidem." Et respondit Ethai regi,
240 dicens "Viuit Dominus, et uiuit dominus meus rex, quoniam
     in quocumque loco fueris, domine mi rex, siue in morte siue in
     uita, ibi erit seruus tuus." Et ait Dauid Ethai, "Veni et transi." '
         Sed quid illam mulierem, hunc autem et illam alienigenam
     dixi, ac si hoc pro tua causa faciat et non magis rationi meę
245 inseruiat? Quanto enim in illa sexus infirmior, quanto utriusque
     a Deo cultus ante remotior, tanto fides et caritas utriusque
     laudabilior. Sed illorum laus tuam imminuit laudem, illorum
     fides tuam notat infidelitatem, illorum feruor tuum condempnat
     teporem. Hoc namque nurus socrui, hoc miles regi, quod
50r1 monachus non seruat abbati. / Cogebantur illi ab ipsis dominis
     reuerti, sed eos relinquere nec in magnis periculis uolebant; tu
     orantem ne deseratur dominum desertor pariter et contemptor
     non audis.
         Video Helyam, iamiamque rapiendum et equis curribusque
255 igneis per altissima aëris spacia in cęlum sustollendum, cum
     Helyseo iter agere eique dicere, 'Sede hic, quia Dominus misit
     me usque Bethel.' Et secundo, 'Sede hic, quia Dominus misit
     me usque ad Iordanem.' Et tertio, 'Sede hic, quia Dominus

/231   *ueniat:* i.e., *in testimonium*
/232   *Ethai,* etc.: II Reg. 15:19-22
/254   *Helyam,* etc.: IV Reg. 2:1-12

misit me usque Iericho.' Cui tertio audio respondentem
260   Prophetam, 'Viuit Dominus, et uiuit anima tua, quia non
derelinquam te.' Quem quia ut uerus magistri amator discipulus
deserere noluit, et eum ad cęlestia sustolli conspexit et ut eius
spiritus in se duplex fieri posset optinuit. Ait inquam Helyseus
Helyę, 'Viuit Dominus, et uiuit anima tua, quia non derelinquam
265   te.' Tu autem michi quid? 'Viuit Dominus, et uiuit anima tua,
quia non sequar te.' Sed fortassis ideo sequi contempnis, quia
me sicut Helyam in cęlum posse rapi desperas. Quod si hęc
causa est, rogo ne desperes. Rogo inquam ac moneo ne desperes,
quoniam hęc tota et sola simul gradiendi nobis causa est, ut
270   non solus ego sicut Helyas, sed tecum pariter in cęlum rapiar.
Ecce plus quam Helyas Helyseo, plus ego tibi si uolueris
spondere audeo. Raptus est ille solus mirante et clamante
discipulo; rapieris tu mecum omni conspiciente populo.
        Miraris forte quod dico, et me quasi insanum loqui sus-
275   picaris. Sed non insanio, quia quod dico Apostolico testimonio
confirmo: 'Rapiemur,' ait, 'in nubibus obuiam Christo in aëra,
et sic semper cum Domino erimus.' Quod Dominus ipse confirmat: 'Mittet,' inquit, 'filius hominis angelos suos cum tuba
et uoce magna, et congregabunt electos eius a quatuor uentis,
280   a summis cęlorum usque ad terminos eorum.' Si ergo de
electorum numero esse studuerimus, ab electis angelis con-
gregabimur; et 'in nubibus obuiam Christo in aëra' non diuisi
sed (iuxta Apostolum) 'simul rapiemur', nec reuersuri ut
Helyas sed 'semper cum Domino erimus'. Ideo, ut supra dixi,
285   hęc tota nobis causa est domi uel extra, in itinere uel ubique
simul manendi, ut hic pariter Domino seruiamus et, illuc
pariter rapti, ei in ęternum conuiuamus.
        Sed noui quid ad hęc dicturus sis: 'Patria, ad / quam
50r2
nunquam redire proposui, ne te sequar aduersatur.' Ad quod
290   ego: Abraham quidem iussu Dei patriam deseruisse nec ad eam

/276   I Thess. 4:16
/278   Matt. 24:31
/288   *patria ... aduersatur*: Peter of Poitiers would meet the charge
        of insubordination by arguing that his return to Poitou
        would have subjected him to undesirable influences.
/290   *Abraham*, etc.: Gen. 12:1 ff; *deseruisse*: perfect of *desero*

postmodum redisse concedo. Quod tamen Iob 'in terra Hus',
quę patria eius erat, 'uir simplex et rectus et timens Deum et
recedens a malo' fuerit, non ignoro. Loth in Sodoma, cuius
tamen non indigena sed colonus erat, 'aspectu et auditu iustum'
295 fuisse ab Apostolo Petro audio. Magos ab oriente ad pueri Iesu
pręsepe uenientes et eum cum oblatione munerum ut regem,
Deum, et hominem adorantes, licet 'per aliam uiam' tamen
'in regionem suam' regressos fuisse lego. Quod si Abraham
quem supra posui obicis, dico eum utpote perfectum uirum in
300 infidelis patrię desertione sibi nichil timuisse sed infirmiori
posteritati sapienter prouidisse. Timebat enim ne progenies eius
a Deo electa inter ydolatras et moribus corruptos conuersaretur,
atque a cultu et timore diuino malorum exemplo paulatim re-
uocaretur. Vnde suis in se quid sequi deberent ostendens, nec
305 ipse ad dimissam patriam reuerti uoluit nec filium illuc reduci
permisit. In quo quid de subsequentibus fieri uellet ostendit,
sed indique serebat in ergo quia non sibi sed posteris prouidebat, qui
pręcipiens seruo suo, 'Caue ne unquam filium meum reducas
illuc.' Constat ergo quia non sibi sed posteris prouidebat, qui
tantopere illuc reduci filium prohibebat. At tu quibus prouides
310 filiis, qui ita patrię reditum perhorrescis? Si utique bonis
detestanda patria esset, nec Iob ut iam dixi in sua mansisset,
nec magorum deuotio ad eam redisset, nec ipse Dominus eam
suis miraculis illustrasset. Non patria igitur sed mores patrię, si
mali sunt, a bonis fugiendi sunt. Quod si saluo sanctitatis pro-
315 posito licet in patria manere, quanto magis et transire?
    Sed forte adhuc perfectorum hoc esse causaberis. Qui ergo
ad perfectionis propositum uocatus es, de imperfectione tractabis?
Qui (iuxta Apostolum) te in ante extendere debes, retro redibis?
Qui cotidiano profectu te ipso maior fieri debes, inferior eris?
320 'Estote,' ait Dominus, 'perfecti, sicut et Pater uester cęlestis
perfectus est.' Laudo plane, quia laudabile est, si parentum, si

/291   Iob 1:1
/294   II Petr. 2:8
/297   Matt. 2:12
/307   Gen. 24:6
/315   *transire*: Peter had refused even to pass through Poitou.
/318   *in ante*, etc.: Philip. 3:13
/320   Matt. 5:48

amicorum, si cognatorum tibi est aspectus formidini, si uerba
grauia, si mora suspecta, ne affectu carnali quantumlibet a
recto proposito aspectu commoueant, uerbis inclinent, mora
50v1   detineant. / Laudo uere sollicitam a malis cautelam, sed non
laudo etiam in bonis pertinacem sententiam. Quod si ista te
terrent, si adherentes domesticos uelut impugnantes aduersarios
reformidas (sunt enim 'inimici hominis domestici eius'), erige
turrim Syon contra faciem Damasci, assume 'armaturam Dei,
330   in qua possis uniuersa tela inimici ignea extinguere'. Si per-
iturarum rerum cogitatio in mente submurmurat, ęternarum
eas delectatio compescat. Si ausus fuerit serpens uel parentum
ore quicquam insibilare, non solum non audiatur sed mox
caput nequam·uirili robore conteratur. Si peste inhabitatoris
335   qua te inficere uolebant ipsos (si dici debeant) amicos uel
parentes adhuc infectos uideris, non ante absistas quam eos
salutari admonitione purgatos saluti restituas, ut uasis pessimi
hostis direptis, de ipso nobilem coram Deo triumphum
reportes. Decet enim ut non te illi debilem sed tu eos fortes,
340   ut non te illi carnalem sed tu eos spirituales, ut non te illi
terrenum sed tu eos cęlestes efficias. Studendum ergo tibi est
non ut imperfectum in fuga confidere sed ut perfectionis
filium imperfectis domesticis uirtutis exempla prebere. Non
enim fugienti sed permanenti, non cedenti sed resistenti, non
345   succumbenti sed uincenti, uictorię laurea datur.
        Vellem et ego si facultas daretur — nec fallaciter te ipso
conscio uellem — uellem certe secundum Ysaiam me ipsum
'abscondere fossa humo a facie formidinis Domini', qui in
proximo uenturus est percutere terram, et quęrere michi

/328   Mich. 7:6, Matt. 10:36; *erige ... Damasci* (cf Cant. 7:4):
        probably, 'Preach Christian truth to the wrongdoers';
        see 'Gregory the Great' *In Cant.* 7.9 (PL 79.535A; this
        part actually was written in the eleventh century).
/329   Ephes. 6:11, 16
/334   *peste inhabitatoris,* the local contagion
/346   *te ipso conscio,* as you well know
/348   Isai. 2:10

350   locum, non solum spiritualem sed etiam corporalem, 'in
foramine petrę, in cauerna macerię'. Sed si non datur, uel quousque detur, ęmulemur eum qui inter populorum frequentias
et regales epulas et auratos parietes dicebat, 'Ecce elongaui
fugiens, et mansi in solitudine.' Et uelut intra septa montium
355   sic intra archana cordium nobis solitudines ędificemus ubi a
ueris mundi contemptoribus uera tantum heremus inuenitur,
ubi nullus externus admittitur, ubi mundanorum tumultuum
turbo fragorque sopitur, ubi sine ullo corporeę uocis sono in
sibilo aurę tenuis uox Dei loquentis auditur. Ad hanc, fili
360   dilectissime, solitudinem 'dum sumus in hoc corpore et
peregrinamur a Domino', in medio quoque turbarum positi,
50v2   assidue recurramus; / et quod in extremis orbis finibus
quęreremus, in nobismetipsis — nam et 'regnum Dei intra nos
est' — inueniemus. Ibi solitarium adepti silentium 'adoremus,
365   et procidamus ante Deum, ploremus coram Domino qui fecit
nos'; effundamus coram illo corda nostra; et ut ait beatus
Ieronimus nostras mundique miserias lugeamus. Est quippe
nobis multa lugendi materia (ut quę propria sunt taceam):
quod 'mundus in maligno positus est'; quod instant 'tempora
370   periculosa'; quod 'abundauit iniquitas, et refriguit caritas';
quod uere nunc 'defecit sanctus, quoniam diminutę sunt
ueritates a filiis hominum'; quod 'omnes declinauerunt, simul
inutiles facti sunt; quod non est qui faciat bonum, non est

/350   Cant. 2:14; cf Exod. 33:22
/353   Psal. 54:8
/354   *et uelut ... auditur* (/359): the same passage appears in a
        sermon by Peter's friend Geoffrey of St-Thierry, on whom
        see Constable *Letters* II 150-1
/359   *sibilo aurę*, etc.: III Reg. 19:12 ff; cf Gregory the Great
        Moralia V 36.66 (PL 75.715B-16A)
/360   II Cor. 5:6
/363   Luc. 17:21
/364   Psal. 94:6
/367   *nostras*, etc.: Jerome *Contra Vigilantium* 15 (PL 23.367A)
/369   I Ioan. 5:19; II Tim. 3:1
/370   Matt. 24:12
/371   Psal. 11:2
/372   Psal. 13:3; 52:4, Rom. 3:12

usque ad unum'; quod cotidie perditi homines Iudaica rabie
375   crucifigunt 'sibimetipsis Filium Dei, et ostentui' habent; quod
sine intermissione thesaurizantes sibi 'iram in die irę', assidua
igni ęterno se ipsos pabula subministrant. Et quis uniuersa
enumeret? Ista et hiis similia intentiore intuitu conspicientes
atque intra mentis heremum coram Domino deflentes, ut carbo
380   carbonem alter alterum accendamus; ne fons ille misericordię
semper patens super nos se contineat obsecremus; in domo
luctus cum sapienter merentibus, non in domo conuiuii cum
stultis epulantibus esse eligamus, ut et nobis a Domino dicatur,
'Et uos igitur nunc quidem tristitiam habetis, iterum autem
385   uidebo uos, et gaudebit cor uestrum, et gaudium uestrum
nemo tollet a uobis.'

Ecce autem dum hęc scribo, luctui nostro congruens
luctuosus nuntius superuenit, et cum uberibus lacrimis
memorandum illum, illum Gerardum nostrum, nostrum plane
390   nostrum, a nobis recessisse et (ut quod uere sentio dicam) non
de uita in mortem decidisse sed mortem uita commutasse
narrauit. Quod ubi repentina relatione cognoui, ut in re
inopinata fieri solet, aliquandiu hesi. Dehinc eum coram
fratribus uix uoce ad hoc sufficiente absoluens, interiore me
395   igne urgente surrexi, et ęcclesiam petens, mox agendam incępi.
Vbi eius dulce funus, quamuis absentis et tarde cognitum,
multis ut dignum erat lacrimis prosequens et uigilia Epyphanię
Domini sacri corporis et sanguinis pro eo ipse hostiam offerens,
51r1   piam / animam piissimo Redemptori cui semper inheserat
400   commendaui. Vt enim cętera eius bona taceam (quę proprium
et prolixum exposcerent tractatum), in quo rectius Domini
promissum implebitur dicentis, 'Qui manducat carnem meam

/374   *Iudaica*: like that of the Jews in the Biblical narrative of
the Passion
/375   Hebr. 6:6
/376   Rom. 2:5; *assidua pabula*: predicative accusative, 'as
perpetual fodder'
/384   Ioan. 16:22
/389   *Gerardum*: Gerald Le Vert (mentioned also **53/190**)
/397   *uigilia Epyphanię*, on Epiphany Eve (5 January)
/402   Ioan. 6:57

et bibit sanguinem meum, in me manet et ego in eo', et rursum,
'Ego sum panis uitę, qui de cęlo descendi; si quis manducauerit
405 ex hoc pane, uiuet in ęternum', quam in hoc nostro mortuo,
qui quoad uixit, panem hunc uitę, hoc est corpus Domini sui,
pene cotidie semper ad uitam suscępit? Viuet inquam uiuet in
ęternum, qui cum bonę conscientię testimonio semper
manducauit panem qui dat uitam in ęternum.

98
62v2 AD PAPAM INNOCENTIUM

Summo pontifici et nostro speciali patri domino papę
Innocentio, frater Petrus humilis Cluniacensium abbas,
obędientiam et amorem.
5   Magister Petrus (sapientię uestrę ut credo optime notus)
nuper a Francia ueniens, per Cluniacum transitum fecit.
Quęsiuimus quo tenderet. Grauatum se uexationibus quorumdam qui sibi — quod ualde abhorrebat — nomen hereticum
imponebant, maiestatem Apostolicam se appellasse et ad eam
10   confugere uelle respondit. Laudauimus propositum, et ut ad
notum et commune refugium confugeret admonuimus. Iustitiam
Apostolicam quę nulli unquam nec etiam extraneo uel peregrino
defuit, sibi non defuturam diximus; misericordiam ipsam, ubi
ratio postularet, sibi occursuram promisimus. Venit interim
15   dominus Cysterciensis abbas, et de pace ipsius et domini Clareuallensis, cuius causa appellauerat, nobiscum et cum ipso
pariter egit. Dedimus et nos operam paci eius, et ut ad illum

58/404 Ioan. 6:48, 50
98/   1140/1. Peter urges Innocent II to hear favourably the appeal
        of Peter Abelard, condemned by the Council of Sens, so that
        he can become a monk at Cluny; the abbot also reports
        Abelard's reconciliation with his chief opponent, Bernard of
        Clairvaux.
  /15   de pace ... egit, (the abbot of Cîteaux) conferred with him
        and with me about a reconciliation with the lord abbot of
        Clairvaux, whose opposition had necessitated the appeal
  /17   illum: Bernard of Clairvaux

cum ipso iret hortati sumus. Addidimus hoc monitis nostris,
ut si qua catholicas aures offendentia aut scripsisset aut
20   dixisset, hortatu eius et aliorum bonorum et sapientum, et a
uerbis suis amoueret et a libris abraderet. Et factum est ita.
Iuit; rediit; cum domino Clareuallensi, mediante Cysterciensi,
sopitis prioribus querelis se pacifice conuenisse reuersus
retulit.

25   Interim a nobis admonitus, magis autem a Deo ut credimus
inspiratus, dimissis scolarum et studiorum tumultibus in
Cluniaco uestra sibi perpetuam mansionem elegit. Quod nos
63r1   senectuti eius, debilitati eius, religioni / eius congruere
putantes, et scientiam eius (uobis ex toto non incognitam)
30   magnę fratrum nostrorum multitudini proficere posse credentes,
uoluntati eius assensimus, et si sic benignitati uestrę bene
placitum esset, benigne et cum gaudio nobiscum (uestris ut
nostis per omnia) remanere concessimus. Rogo igitur ego
qualiscumque tamen uester, rogat deuotissimus uobis
35   Cluniacensis conuentus, rogat ipse per se, per nos, per
presentium latores filios uestros, per has quas ut scriberem
rogauit litteras, ut reliquos dies uitę et senectutis suę, qui
fortasse non multi sunt, in Cluniaco uestra eum consummare
iubeatis; et ne a domo quam uelut passer, ne a nido quem
40   uelut turtur inuenisse se gaudet aliquorum instantia aut expelli
aut commoueri ualeat, more quo omnes bonos colitis et etiam
istum dilexistis, scuto defensionis Apostolicę protegatis.

/18 *ipso*: Rainald of Cîteaux
/20 *eius*: Bernard of Clairvaux
/26 *scolarum ... tumultibus*: cf 9 first note, 9/43 ff; *in Cluniaco,*
    etc.: see the next letter
/39 *domo ... inuenisse*: Psal. 83:4
/42 *protegatis*: object to be supplied from *eum* (/38) and
    istum (/42)

C   **115**

164r2   AD ELOYSAM ABBATISSAM /

164v1   Venerabili et in Christo plurimum dilectae sorori Eloysae
abbatissae, frater Petrus humilis Cluniacensium abbas, salutem
quam promisit Deus diligentibus se.

5   Acceptis literis charitatis tuae, quas mihi nuper per filium
meum Teobaldum misisti, gauisus sum; et eas mittentis gratia
amicabiliter amplexus sum. Volui statim rescribere quod animo
insederat; sed impedientibus importunis curarum exactionibus,
quibus plaerumque immo pene semper cedere compellor, non

10   potui. Vix tamen a tumultibus tandem interpolata die, quod
conceperam attentaui. Visum est ut affectui tuo erga me, quem
et tunc ex literis et prius ex mihi missis xeniis cognoueram,
saltem uerborum uicem rependere festinarem, et quantum in
corde meo locum tibi dilectionis in Domino seruarem ostenderem.

15   Reuera enim non nunc primum diligere incipio quam ex
multo tempore me dilexisse reminiscor. Necdum plene metas
adolescentiae excesseram, necdum in iuueniles annos euaseram,
quando nomen non quidem adhuc religionis tuae, sed honestorum
tamen et laudabilium studiorum tuorum, mihi fama innotuit.

20   Audiebam tunc temporis mulierem licet necdum seculi nexibus
expeditam literatoriae scientiae (quod perrarum est) et studio
licet secularis sapientiae summam operam dare, nec mundi
uoluptatibus, nugis, uel deliciis ab hoc utili discendarum artium
proposito retrahi posse. Cunque ab his exercitiis detestanda

25   desidia totus pene torpeat mundus et ubi subsistere possit pes

---

115/   1143/4. Peter writes to Heloise, abbess of the oratory of the
Paraclete (near Troyes), concerning the last years of her
husband, Peter Abelard, who had died as a monk of Cluny in
April 1142. On this celebrated letter, see J. G. Sikes *Peter
Abailard* (Cambridge 1932) 235-7; H. Waddell *The Wandering
Scholars* 7th ed. (London 1934) 109.

/6   A messenger named Theobald appears at **123/16** also.
mittentis gratia, out of affection for the sender

/10   *a tumultibus ... die,* having at last snatched a day out of the
busy confusion

/24   *ab ... desidia,* because of sloth, which is repugnant to such
activity

sapientiae, non dicam apud sexum foemineum (a quo ex toto
explosus est) sed uix apud ipsos uiriles animos inuenire ualeat,
tu illo efferendo studio tuo et mulieres omnes euicisti et pene
uiros uniuersos superasti.

30   Mox uero, iuxta uerba Apostoli, ut 'complacuit ei qui te
segregauit ab utero matris tuae uocare te per gratiam suam',
longe in melius disciplinarum studia commutasti; et pro
logica Euangelium, pro physica Apostolum, pro Platone
Christum, pro achademia claustrum tota iam et uere
35   philosophica mulier elegisti. Eripuisti uictis spolia hostibus; et
thesauris Aegyptiacis per huius peregrinationis desertum
transiens, preciosum in corde tuo tabernaculum Deo erexisti.
Cantasti cum Maria demerso Pharaone canticum laudis; et
beatae mortificationis tympanum (ut olim illa) prae manibus
40   gerens, noui modulaminis melos usque ad ipsas Deitatis aures,
docta tympanistria, transmisisti. Conculcasti iam incipiendo
quod per Omnipotentis gratiam bene perseuerando conteres,
uetusti anguis ac semper mulieribus insidiantis caput, atque ita
164v2   elides ut nunquam ulte/rius contra te sibilare audeat. Ostentui
45   facis et facies superbum principem mundi; et illum qui diuina
uoce uocatur 'rex filiorum superbiae' (iuxta ipsius Dei ad
beatum Iob uerba) tibi ac tecum cohabitantibus 'ancillis Dei
alligatum' ingemiscere coges. Et uere singulare miraculum ac
super omnia miranda opera extollendum, eum quo iuxta
50   Prophetam 'cedri non fuerunt altiores in paradiso Dei' et
cuius summitatem frondium 'abietes non adaequauerunt' a
fragili sexu uinci, et fortissimum archangelum a muliere
infirmissima superari. Gignitur tali duello maxima gloria
Conditori; infertur econuerso summa ignominia Deceptori.
55   Exprobratur ei hoc certamine non solum stultum sed et super

/28 *illo … tuo,* through your praiseworthy zeal
/30 Gal. 1:15
/34 *uere philosophica,* etc.: see also /**140** below and letter 9
/36 *thesauris … desertum*: see **53**/**309-11** and notes
/38 *Maria*: Exod. 15:20
/46 Iob 41:25
/47 Iob 40:24
/50 Ezech. 31:8

omnia ridiculum fuisse, illum aspirasse ad aequalitatem
sublimissimae maiestatis, qui nec breue luctamen ferre prae-
ualet foemineae debilitatis. Sustinet caput cuiuslibet uictricis
illius merito talis uictoriae gemmeam a rege coelorum coronam,
60   ut quanto in transacta pugna carne infirmior tanto in
remuneratione sempiterna appareat gloriosior.

   Haec, charissima in Domino soror, uere non adulando sed
exhortando dico, ut magnum in quo aliquamdiu perstitisti
bonum attendens, ad caute illud conseruandum animosior
65   reddaris, et sanctas illas quae tecum Domino seruiunt, secundum
gratiam a Deo tibi collatam, ut in eodem sollicite agone
contendant uerbis pariter et exemplis accendas. Es enim unum
de animalibus illis quae Ezechiel Propheta uidit, licet sis mulier
quae non tantum ut carbo ardere sed ut lampas ardere debes
70   pariter et lucere. Es quidem discipula ueritatis, sed es etiam
ipso officio, quantum ad tibi commissas pertinet, magistra
humilitatis. Humilitatis plane et totius coelestis disciplinae tibi
a Deo magisterium impositum est, unde non solum tui sed et
commissi gregis curam habere et pro uniuersis maiorem
75   uniuersis debes mercedem recipere. Manet tibi certe palma pro
omnibus quia, ut optime nosti, quotquot ducatu tuo mundum
mundique principem uicerint, tot tibi triumphos, tot gloriosa
trophea apud aeternum regem et iudicem praeparabunt.

   Sed nec omnino apud mortales insolitum est foeminas
80   foeminis principari; nec ex toto inusitatum etiam praeliari,
ipsos insuper uiros ad praelia comitari. Nam si uerum est quod

---

/56 *illum aspirasse ... debilitatis* (/58): subject of *stultum et
    ridiculum fuisse*
/58 *cuiuslibet uictricis illius,* of any woman who vanquishes him.
    The notions of the contest (*certamen, agon*) and the victor's
    crown are very old, appearing in the earliest Roman Christian
    writings: Leonard R. Palmer *The Latin Language* (London
    1954) 198.
/59 *merito,* by virtue of
/68 *animalibus*: Ezech. 1:13; *mulier,* etc.: rather than dwelling
    in saintly obscurity (*ut carbo ardere*), as abbess she must be an
    example to others (*ut lampas ardere*); see Gregory the Great
    In Ezech. I 5.7 (PL 76.823C-D)

dicitur 'Phas est et ab hoste doceri', et apud gentiles,
Amazonum regina Penthesilea cum suis Amazonibus non uiris
sed mulieribus Troiani belli tempore saepe pugnasse scribitur;
85   et in populo etiam Dei, prophetissa Delbora Barach iudicem
Israel contra ethnicos animasse legitur. Cur ergo non liceat
foeminas uirtutis, contra 'fortem armatum' ad praelia pro-
165r1   cedentes, ductrices fieri exercitus / Domini, cum et illa, quod
quidem indecens uidebatur, manu tamen propria contra
90   hostes pugnauerit, et haec nostra Delbora uiros ipsos ad bella
diuina commouerit, armauerit, accenderit? Victo dehinc Iabin
rege, occiso Sisara duce, deleto prophano exercitu, cecinit
statim canticum illa, illudque Dei laudibus deuota dicauit. Erit
(Dei gratia hoc faciente) post datam tibi tuisque de longe
95   fortioribus hostibus uictoriam longe tuum gloriosius canticum,
quod sic laeta cantabis ut nunquam postea laetari, nunquam
cantare desistas.

Interim eris ancillis Dei, hoc est coelesti exercitui, quod illa
suo Iudaico populo Delbora; nec a tam lucroso certamine
100   aliquo tempore, quolibet casu, nisi uincendo cessabis. Et quia
hoc nomen Delbora, ut tua nouit eruditio, lingua Hebraica
apem designat, eris etiam in hoc et tu Delbora, id est apis.
Mellificabis enim tu, sed non soli tibi, quia quicquid boni per
diuersos et a diuersis collegisti, exemplo, uerbo, modisque
105   quibus poteris, domesticis sororibus seu quibuslibet aliis
totum refundes. Satiabis hoc exiguo uitae mortalis tempore et
te ipsam sacrarum literarum secreta dulcedine et beatas sorores
aperta praedicatione, quousque iuxta uocem Propheticam in
illa quae promittitur die 'distillent montes aeternam dulcedinem

/82   *phas* (CL *fas*), etc.: Ovid *Metam.* 4.428
/83   *Penthesilea*: mentioned by many ancient authors, including
Virgil (*Aen.* 1.491, 11.662)
/85   Iudic. 4:4 ff. Hebrew names are usually considered
indeclinable, as here: *Delbora* is a nominative, *Barach* an
accusative, *Israel* a genitive.
/87   Luc. 11:21
/92   *cecinit,* etc.: Iudic. 5
/109   Ioel 3:18

110   et colles fluant lac' et mel. Hoc enim licet de hoc tempore
gratiae dicatur, nil obstat − immo et dulcius est − ut de
tempore gloriae accipiatur.
        Dulce mihi esset diu tecum de huiusmodi protrahere
sermonem, quia et famosa eruditione tua delector et praedicata
115   mihi a multis religione tua longe magis allicior. Vtinam te
Cluniacus nostra habuisset, utinam te iocundus Marciniaci
carcer cum caeteris Christi ancillis libertatem inde coelestem
expectantibus inclusisset. Praetulissem opes religionis ac
scientiae maximis quorumlibet regum thesauris, et illarum
120   sororum illud praeclarum collegium cohabitatione tua clarius
rutilare gauderem. Retulisses et ipsa ab ipsis non modicum
questum, et summam mundi nobilitatem ac superbiam pedibus
substratam mirareris. Cerneres omnigenos seculi luxus miranda
parcitate mutatos et sordida quondam uasa Diaboli in
125   mundissima Spiritus Sancti templa conuersa. Videres puellas
Dei, Satanae uel mundo uelut furto subtractas, super innocentiae
fundamentum altos uirtutum erigere parietes, et usque ad ipsa
coeli fastigia felicis fabricae cacumen producere. Laetareris
angelica uirginitate florentes castissimis uiduis iunctas, et
130   uniuersas pariter, beatae illius et magnae resurrectionis gloriam
sustinentes, infra arcta septa domorum etiam corporaliter
beatae spei uelut sepulcro iam conditas. Quae licet omnia et /
165r2   fortassis maiora cum tibi datis a Deo collegis habeas, licet forte
nihil ad sacrarum rerum studium pertinens tibi addi possit,
135   augeretur tamen augmento gratiarum tuarum, non paruis ut
arbitror commodis, res publica nostra.
        Sed quamuis a dispensatrice omnium rerum prouidentia Dei
hoc nobis de te negatum sit, concessum tamen est de illo tuo,

/110   *tempore gratiae,* etc.: sacred history has three eras − before
        the Incarnation (*figura*), after the Incarnation (*gratia*), after
        the Second Coming (*gloria*)
/113   *huiusmodi*: here an indeclinable substantive, 'this sort of
        thing'
/116   *Marciniaci:* 'of Marcigny', a renowned Cluniac nunnery; see
        first note on 53
/132   *beatae ... sepulcro,* in the tomb (as it were) of the
        expectation of heaven

de illo inquam saepe ac semper cum honore nominando seruo
140   ac uere Christi philosopho, magistro Petro, quem in ultimis
uitae suae annis eadem diuina dispositio Cluniacum transmisit
et eam in ipso et de ipso 'super omne aurum et topazion'
munere chariore ditauit. Cuius sanctae, humili, ac deuotae
inter nos conuersationi quod quantumue Cluniacus testimonium
145   ferat, breuis sermo non explicat. Nisi enim fallor, non recolo
uidisse me illi in humilitatis habitu et gestu similem, in tantum
ut nec Germanus abiectior nec ipse Martinus bene discernenti
pauperior appareret. Cunque in magno illo fratrum nostrorum
grege me compellente gradum superiorem teneret, ultimus
150   omnium uestitu incultissimo uidebatur. Mirabar saepe, et in
processionibus eo me cum reliquis pro more praecedente pene
stupebam tanti tanque famosi nominis hominem sic seipsum
contempnere, sic se abiicere posse. Et (quia sunt quidam
religionis professores qui ipsum quem gerunt habitum
155   religiosum nimis esse cupiunt sumptuosum) erat ille prorsus
parcus in istis et cuiusque generis simplici ueste contentus; nil
ultra quaerebat. Hoc et in cibo, hoc et in potu, hoc et in omni
cura corporis sui seruabat; et non dico superflua sed et cuncta
nisi ualde necessaria tam in se quam in omnibus uerbo pariter
160   et uita damnabat. Lectio erat ei continua, oratio frequens,
silentium iuge, nisi cum aut fratrum familiaris collatio aut ad
ipsos in conuentu de diuinis publicus sermo eum loqui urgebant.
Sacramenta coelestia, immortalis Agni sacrificium Deo offerendo,
prout poterat frequentabat, immo (postquam literis et labore
165   meo Apostolicae gratiae redditus est) pene continuabat. Et
quid multa? Mens eius, lingua eius, opus eius, semper diuina,

/142   *eam*: Cluny; Psal. 118:127
/147   *Germanus,* etc.: St Germain and St Martin of Tours, the
        latter a familiar exemplar of poverty
/149   *gradum superiorem*: probably not an official position but
        a rank higher than that to which his recent entrance to Cluny
        would have entitled him
/162   *urgebant*: plural, as though the subject were *et collatio et
        sermo*
/165   *Apostolicae gratiae,* the Pope's good graces. See first note
        on 98.

semper philosophica, semper eruditoria meditabatur, docebat,
fatebatur.

Tali nobiscum uir 'simplex et rectus, timens Deum et
170 recedens a malo', tali inquam per aliquantum temporis
conuersatione ultimos uitae suae dies consecrans Deo, pausandi
gratia (nam plus solito, scabie et quibusdam corporis in-
commoditatibus grauabatur) a me Cabilonem missus est. Nam
propter illius soli amoenitatem, qua cunctis poenae Burgundiae
175 nostrae partibus praeminet, locum ei habilem, prope urbem
quidem sed tamen Arari interfluente, prouideram. Ibi iuxta
165v1 quod incommoditas permittebat, / antiqua sua renouans studia,
libris semper incumbebat; nec, sicut de magno Gregorio legitur,
momentum aliquod praeterire sinebat quin semper 'aut oraret
180 aut legeret aut scriberet aut dictaret'. In his sacrorum operum
exercitiis eum aduentus illius Euangelici uisitatoris repperit, nec
eum ut multos dormientem sed uigilantem inuenit. Inuenit eum
uere uigilantem et ad aeternitatis nuptias non ut fatuam sed ut
sapientem uirginem euocauit. Attulit enim ille secum lampadem
185 plenam oleo, hoc est conscientiam refertam sanctae uitae
testimonio. Nam ad soluendum commune mortalium debitum,
morbo correptus eoque ingrauescente, in breui ad extrema
perductus est. Tunc uero quam sancte, quam deuote, quam
catholice, primo fidei dehinc peccatorum confessionem fecerit,
190 quanto inhiantis cordis affectu uiaticum peregrinationis ac
uitae aeternae pignus, corpus scilicet redemptoris Domini,
acceperit, quam fideliter corpus suum et animam hic et in
aeternum ipsi commendauerit, testes sunt religiosi fratres et
totus illius monasterii in quo corpus sancti martyris Marcelli
195 iacet conuentus. Hoc magister Petrus fine dies suos consummauit;
et qui singulari scientiae magisterio toti pene orbi terrarum
notus et ubique famosus erat, in illius discipulatu qui dixit,

/169   Iob 1:1
/173   *Cabilonem*: the Cluniac priory of St Marcellus, near Chalon-
        sur-Saône
/174   *poenae*: CL *paene*
/179   John the Deacon *Vita S. Gregorii* 1.8 (PL 75.66A)
/183   *nuptias,* etc.: Matt. 25:1-13

'Discite a me, quia mitis sum et humilis corde', mitis et humilis
perseuerans, ad ipsum, ut dignum est credere, sic transiuit.
200   Hunc ergo, uenerabilis et charissima in Domino soror, cui
post carnalem copulam tanto ualidiore quanto meliore diuinae
charitatis uinculo adhesisti, cum quo et sub quo diu Domino
deseruisti, hunc inquam loco tui uel ut te alteram in gremio
suo confouet, et in aduentu Domini, in uoce archangeli, et in
205   tuba Dei descendentis de coelo, tibi per ipsius gratiam
restituendum reseruat. Esto ergo in Domino memor ipsius,
esto etiam si placet et mei; et sanctis sororibus tecum Domino
famulantibus fratres congregationis nostre ac sorores quae
ubique terrarum pro posse suo eidem cui et tu Domino
210   famulantur, sollicite commenda.

A   **123**

63v2   EPISTOLA PETRI PICTAVENSIS AD PETRVM ABBATEM TVNC
IN SILVA CLVNIACENSI CVM PAVCIS COMMORANTEM

Domino et patri karissimo, Petrus seruus exiguus.
A die gloriosi Apostolorum prothomartyris per Dei
5   misericordiam uestrasque orationes aliquantulum me sentiens
releuatum, non possum tam prope uos esse et nichil uobis
dicere. Prudentium uestrum cum Christi adiutorio paratus sum
incipere, si domino priori claustri mandetis ut pergamenum
prebeat <et Bonito ut parare studeat>. Gratulor autem non

115/198   Matt. 11:29
/203   *hunc inquam ... confouet,* him I say as your substitute, as
your second self, he (Christ) comforts in his embrace
123/   end of July 1139/41 (?). This letter, from Peter of Poitiers,
and the next were written while Peter the Venerable was
on a retreat with a few monks in the forest near Cluny.
/4   *die gloriosi Apostolorum prothomartyris*: 25 July, the feast
of St James the Great (as also in /14)
/6   *releuatum*: Peter of Poitiers had a foot ailment that had
prevented him from accompanying his abbot
/7   *Prudentium*: the Christian poet Prudentius (348 - ca. 405);
see also 24/113
/8   *priori claustri*: the claustral prior, second-ranking official
at Cluny
/9   *Bonito*: otherwise unknown

10   modice id michi ex insperato preceptum a uobis, quod
      auxiliante Domino et facere potero et ex obedientia facere
      cupio, ut scilicet propter obedientiam me aliquid fecisse apud
      uos deinceps gloriari possim. Illud quoque silere nullatenus
      debeo, quia ex ea hora qua in festo piissimi Apostoli Iacobi,
15   dum maioris misse sollempnia agerentur, frater noster
      Theobaudus salutationem uestram michi indigno protulit, ita
      pes meus meliorari cepit ut, sicut de ipsius Apostoli gratia
      (uestraque etiam oratione confido), a uobis salutari idem michi
      fuerit quod saluari. Incolumem uos proxime uideamus, domine
20   pie ac desiderantissime pater. Valeant coheremite uestri et
64r1 socii omnes / qui uobiscum siluas incolunt.

      124
64r1 RESCRIPTVM DOMINI PETRI ABBATIS AD EVNDEM

      Honorando et in Christo karissimo filio Petro, frater Petrus
      humilis Cluniacensium abbas, salutem.
          Scribenti omnino mutus esse non debeo. Siluas incolimus.
5   Pertesi urbium, rura amamus. Et ut aliquid poeticum addam,
      'Iam non michi turbida Roma sed uacuum Tybur placet ac
      imbelle Tarentum.' Emeriti iam sumus; et iuuenibus, tibi tuique
      similibus, bella reliquimus. Armare igitur; et quia per Dei
      gratiam ut scripsisti pes tuus conualuit, ad prelia procede,
10   pugna uiriliter, uiribus hostes subige; et quia iam totus mundus
      in arma coniurat, tu quoque armatorum numero coniungere.
      Nam ea de causa coheremita noster fieri noluisti.
          Ego tamen quod imputas ocium non prorsus ociosum esse
      uolui. Et ut iterum uerbis illius cuius supra utar, 'Me doctarum
15   hedere premia frontium diis miscent superis; me gelidum nemus,'

123/16   A messenger named Theobald appears at 115/6 also.
   /19   *incolumem*: goes with the polite plural *uos*.
124/   See first note on 123.
   /6   Horace *Epist.* 1.7.44-5
   /14 ff Horace *Carm.* 1.1.29, 30, 32; the phrase *taceo reliqua*
           (/16) suppresses the inappropriate words *Nympharumque
           leues cum Satyris chori.*

taceo reliqua, 'secernunt populo.' Nosti quantum me pigeant
falsa in ęcclesia Dei cantica, quantumque 'nugę canorę' michi
odibiles sint. Inter quas (nam plurimę sunt) cum nuper in
festo magni patris Benedicti hymnum preter sententias,
20 metricam legem, seriemque uerborum peroptimum et cantari
audirem et cantare cogerer, nimium (sed non tunc primum)
egre tuli, et tanti uiri ueras laudes mendaciter proferri erubui.
Nam pręter aptitudinem sententiarum — quę nulla est — ad
minus uiginti quatuor mendacia, canticum illud citato per-
25 currens animo, in ipso repperi. Non igitur ut pręsumptor sed
ut horum quę Dei sunt in hac licet minima parte zelator,
sumpta ex magni Gregorii uerbis materia, in laude omnipotentis
Dei ipsiusque iam dicti patris, eiusdem metri hymnum composui;
tibique, cui mea qualiacumque sint frequenter ingero, trans-
30 misi. Accipe igitur; et si dignum uidetur, cęteris quę transscribere
soles adiunge. Nam quod tacere nolo, cum antiquus ille
hymnus de tot tantisque sancti uiri miraculis uix unum
attingat, hic pręter spirituales animi eius uirtutes, duodecim
64r2 ipsius miracula breuiter explicat. Et quia / semel cęperam, de
35 translatione simul atque illatione eius alterius metri secundum,
propter tedium cantantium altero breuiorem, edidi: quem et
mitto. Vale in ęternum.

/17 Horace *Ars poet.* 322
/19 *festo ... Benedicti*: 21 March, the feast of the Deposition
     (burial) of St Benedict
/24 *mendacia*: here specifically 'technical flaws'
/27 *Gregorii uerbis*: Gregory the Great *Dialogi* 2
/34 *de translatione ... eius*: the feasts of the Translation and
     Illation of St Benedict celebrated the (alleged) removal
     of his relics from Monte Cassino to Fleury and their later
     return to Fleury from Orleans, where they had been kept
     during Norman raids.

Ymnus eiusdem in depositione sancti patris nostri Benedicti

Inter ęternas superum coronas,
40   quas sacro partas retinent agone,
emicas celsis meritis choruscus,
        o Benedicte.

Sancta te compsit puerum senectus.
Nil sibi de te rapuit uoluptas;
45   aruit mundi tibi flos, ad alta
        mente leuato.

Hinc fuga lapsus, patriam, parentes
deseris, feruens heremi colonus.
Edomas carnem subigisque Christo,
50   tortor acerbus.

Ne diu tutus latebras foueres,
signa te produnt operum piorum.
Spargitur felix celeri per orbem
        fama uolatu.

55   Fracta restauras prece prępotenti.
Frangis oblatum cruce mortis haustum.
Currit ignarus monachus per undas
        patre iubente.

/38   Metre: quantitative sapphic stanza. The first three lines
have the pattern −ᴗ−−−ᴗᴗ−ᴗ−ᵕ, the fourth −ᴗᴗ−ᵕ.
Notice *sibī* (/44), *herĕmi* (/48), *piĕ* (/64), *iŭbilus* (/72).

/43   *puerum senectus*: the contrast drawn by Gregory between
Benedict's youthfulness and his spiritual maturity (*Dial.* 2
pref.) became a hagiographical commonplace.

/55-70 The twelve miracles are in Gregory *Dial.* 2. 1 (a broken vessel
is made whole: /55); 3 (a cup containing poison shatters at
the sign of the Cross: /56); 7 (a follower of Benedict walks
on water: /57-8); 4 (a monk is freed from the Devil's

Verberas fratrem; fugit hostis atrox.
60   Ad manus ferrum redit e profundo.
Pręcipis rupi; uomit illa riuos
arua rigantes.

Ales agrestis sibi iussa complet.
Lora constricti pie uisa soluis.
65   Conspicis mundum radio sub uno,
raptus ad astra.

Mortuum uitę reuocas precando.
Corda multorum penetras propheta.
Cernis ad cęlos animas leuari,
70   clarificatus.

Laudet exultans, Deitas creatrix,
te chori nostri iubilus perhennis;
quem poli iungas superis choreis,
quesumus omnes. Amen.

75   *Item ymnus in translatione eiusdem*

Claris coniubila, Gallia, cantibus!
Lętaris Benedicti patris ossibus,
felix, quę gremio condita proprio
seruas membra celebria.

influence: /59); 6 (a lost tool rises from the bottom of a lake:
/60); 5 (a spring flows from a dry ridge: /61-2); 8 (a raven
obeys Benedict's commands: /63); 31 (at Benedict's glance
a prisoner's bonds are loosed: /64); 35 (a vision of the world
in a beam of light: /65-6); 32 (a child is restored to life:
/67); 11-22 (Benedict's prophetic powers: /68); 34-5 (he sees
souls rise to heaven: /69-70).

/73 *quem*: i.e., *chorum nostrum*

/75 **Metre**: quantitative asclepiadean stanza, consisting of three
lesser asclepiads (— — — ◡◡ — — ◡◡ — ◡ —) followed by a glyconic
(— — — ◡◡ — ◡ —). Notice *retrŏ* (/91).

80   Miris Italię fulserat actibus;
      Gallos irradiat corpore mortuus.
      Signis ad tumulum crebrius emicat,
        illustrans patriam nouam.

      Hinc uatum ueterum facta resuscitat;
85   morti quod libuit mortuus imperat;
      extinctum propriis ossibus excitat:
        o quam mira potentia!

      Nauis per fluuium nat sine remige;
      mirando glaciem desecat impetu; /
64v1   Sancti membra ferens, obuia flumini
        undas retro reuerberat.

      Eductum fluuio sensit ut arida,
      non curans gelidi frigora temporis,
      uestit cuncta nouis ilico floribus
95   mutata facie soli.

      Iam cęlo residens, o pater optime,
      diuinis famulos imbue regulis;
      angustum per iter scandere largiens,
        dona regna perhennia.

100   Cunctorum dominans omnipotentia
      quę de sede poli conspicis omnia,
      psallentum placide suscipe cantica
        uotis uoce precantia. Amen.

/80 *Italię,* in Italy
/88-95 Miraculously the ship bearing Benedict's relics back to
    Fleury cut through the frozen Loire; the region blossomed
    (whence its name, *Floriacum*).
/92 *eductum ... arida,* when the land knew that he had been
    drawn from the river
/100 *cunctorum ... precantia,* you who with supreme power rule
    all that you see from the seat of heaven, favourably receive
    the singers' hymn, which supplicates with heart and voice

Dilecto nostro magistro Bartholomeo, frater Petrus humilis
Cluniacensium abbas, salutem et intimum amorem.

    Ex quo, anno altero, Cluniaci uidi uos, in corde meo uos
5   semper habui et affectuose dilexi. Amplexus sum enim in
uobis scienciam multam; amaui multo magis (qui et magis in
omnibus amandi sunt) mores ut michi uisum est optimos.
Vnde quia uos ut dixi diligo, a uobis quoque me diligi non
diffido. Eapropter quedam uobis ut amico nota facio unde
10 consilium uestrum michi necessarium est. Soleo pene uno-
quoque anno morbum qui catarrus dicitur incurrere, hoc
autem bis, semel in estate semel in hieme, aut circa eadem
tempora. Contingit hoc anno in fine estatis et a principio
autumni eundem me pati; habueram prius causas et colloquia
15 plurima estiuis mensibus cum nobilibus terre nostre, propter
que minucionem sanguinis solitam, quam circa finem duorum
mensium exercere solitus eram, longe ultra morem differre
coactus sum; et quia morbus quem dixi in dilacione illa
minucionis iam me inuaserat, non ausus sum exequi quod
20 solebam, nec sanguine eo naturam occupante minucionem
periculosam esse *** A quibus et illud acceperam: minutum
in catarro aut ex toto aut ex maxima parte semper aut diu
uocem amittere. Adebant et illud: esse casus aliquos in quibus,

158a/   13 January 1151. Peter here consults Dr Bartholomew
          (identified by some with a famous teacher at the school
          of Salerno) concerning unusually severe attacks of his
          chronic bronchitis. He evidently recovered, for later the
          same year he undertook a strenuous trip to Italy.
/4   *anno altero,* last year (also /74)
/11 *hoc*: scil. *anno*
/12 *circa eadem tempora,* more or less at those seasons
/16 *minucionem sanguinis,* etc.: frequent and regular blood-
      letting was all but universal in medieval monasteries;
      circa ... mensium, about every two months
/21 *quibus*: advisers presumably mentioned in the lost passage;
      cf Textual Note /20
/23 *adebant*: CL *addebant*

si id fieret, eciam mortis periculum proximum non deesset.
25   Producebant et ipsa iumenta in exemplum, que quando ab
ignaris in morbo consimili minuebantur, aut nunquam aut raro
mortem euadere poterant. Audieram hec, et quia audita
timebam, fere per menses iiii^{or} minucionem distuli. Sed dum
catarrus more uel tempore quo solebat naturam non desereret,
30   et ego ex superhabundancia sanguinis aut flegmatis (quod michi
plus aliis humoribus dominari cepit) aliquod genus febris
incurrere timerem, differre ultra minucionem nolui, magis
eligens uocis usum ad tempus perdere quam salutis iacturam
incurrere. Minui ergo; et quia plus solito distuleram, infra tres
35   ebdomadas bis largissime factum est, et quod prophete mei
predixerant secutum est. Nam nec catarrus recessit, nec uox ad
priorem statum suum iam per tres menses redire potuit. Laborat
adhuc in istis natura; et cum pectus et ea que sub ipso pectore
proxima sunt grauari nescio quo humore (sed ut puto flegmatico)
74v   sentiam, flegmatis multum ac sepissime ex ore proicio, / nec
naturam ad plenum releuare ualebo.
    Dicunt quos supra scripsi, et eciam quidem medici, ea de
causa hec pati naturam, quia in iam dicta minucione imminuto
cum sanguine sanguinis calore, qui flegmatis iam corrupti
45   frigiditatem non minutus expellere potuisset, remansisse pigrum
flegma in locis iam occupatis et, diffusum per uenas uel ipsos
uitales meatus, et pectus premere et stomachum grauare et uoci

/24 *si id fieret*: i.e., if a person suffering from catarrh were bled
/28 *dum*: used like *cum,* as often in ML; here 'since'
/31 *humoribus*: the Middle Ages inherited from Antiquity the notion
    that the body is composed of four humours − blood, yellow bile
    (choler), black bile (melancholy), and phlegm − ill health being
    caused by the excess or deficiency of one or more of these;
    cepit: CL *coepit*
/40 *nec naturam,* etc.: Peter suffered from constipation.
/41 *ualebo*: future with present iterative force, as sometimes in the
    Vulgate
/45 *non minutus,* had it not been reduced; *remansisse pigrum flegma,*
    etc.: Peter used the accusative and infinitive construction as
    though *dicunt* (/42), and not *quia* (/43), immediately introduced
    the reported statement.

liberam et solitam uiam intercludere. Sed hoc iudicium penes
uos est. Consuluerunt contra accidens istud utendum esse
50   calidis et humidis. Cumque obiecissem eis morbum (quod ipsi
non negabant) accidisse ex qualitate frigida et humida
racionabiliusque utendum calidis et siccis, ut non una tantum
qualitate sed duabus medicina contra morbum pugnaret, non
adquieuerunt, nec plene michi reddita racione in iam dicta
55   sentencia permanserunt, dicentes fauces, arterias, et quedam
alia quorum nomina non satis noui lenienda esse humidis, non
exasperanda siccis. Hoc partim quantum ad dietam; quantum
uero ad reliquam medicinam, dicebant posse prodesse
dragagantum, ysopum, ciminum, recaliciam, ficus, ipas, aut
60   simul omnia aut ex parte, quedam cum uino cocta atque eunti
cubitum in potum data. Que sepe expertus sum, sed frustra.
Rursum affirmabant de electuariis, illud quod dicitur diadragagantum, diabutyrum, uel gingiber conditum, remedium
posse conferre. Hec que dixi ultima utrum ad ista prosint an
65   obsint expertus non sum. Multa et uaria collacio uel disceptacio
intra eos qui tunc adesse potuerunt medicos de instanti
negocio fuit. Et licet aliquando non satis michi racionabile
quod dicebant uideretur, cessi tamen eis; et dieta uel medicina
quam uoluerunt iam fere per menses tres ut supra dixi usus,
70   parum uel pene nichil michi hucusque sencio profuisse.
    Restat ergo, karissime, manus ultima uobis, nec michi post
uos quemlibet mortalium consulere consilii est. Hoc ea de
causa, quia sicut de uobis a pluribus audiui et ipse ex parte
uobis altero anno familiariter loquens agnoui, frustra michi in
75   Gallia nostra alter querendus esset, si a uobis in his uel
similibus consilium michi deesset. Maluissem hec per me
ipsum auribus uestris infundere quam oculis legenda describere,
quia etsi multum conferre potest uestra eciam uobis absente
sciencia, efficacius forte prodesset presentia. Sed quia nec
80   meum iter ad uos facile est nec uestrum ad me leue est, rogo
ut fiat interim quod permittitur, quatinus experiatur amicus

/71 *manus ultima,* the final say
/78 *absente*: goes with the polite plural *uobis*

de amici sciencia quod de illo presumit amicicia. Et quoniam
uos ad me hac de causa uocare ad presens incongruum uisum
est, postulo, immo sicut amicus ab amico exigo, ut Bernardum
85   nostratem ac dilectum nostrum, uestrum autem discipulum, in
cuius fide et bono ingenio prudencia uestra ut audio confidit,
mandatis uestris ac medicinis contra iam dictam pestem
necessariis munitum, michi cito (quia sic necesse est) mittatis,
ut quod nunc per presentiam uestram nequit fieri, per ipsum
90   efficaciter impleatis.

Mandate insuper et ipsum, utrum more solito possim aut
debeam sanguinem minuere, aut usque post perceptam iuxta
uestrum consilium medicinam eius minutionem differre. Iam a
kalendis Nouembris usque ad octauas Epiphanie, quando hec
95   scripsi, minucionem distuleram, nec absque consilio uestro
iterare decreueram. Vnde antequam aliquid peius et illius dilacio
uel iteracio pariat, mandate quid ex duobus potissimum fieri
debeat, et ne miremini me non solum de salutis sed et de uocis
recepcione esse sollicitum. Noueritis me salua salute — nisi
100 officium cogeret — absque multa molestia per Dei gratiam
posse manere mutum. Quid enim obesset, quantum ad salutem
anime pertinet, si elinguis uel uoce carens ab hominibus non
audirer, sed a Deo multo magis exaudirer? Sed quia non minima,
immo plurima pars officii mei in lingua uel uoce consistit, non
105 possem implere officium si uocis deesset suffragium. In tantum
autem michi uox necessaria est, ut non solum pro lectione, pro
cantu, pro sacris celestibus celebrandis (quod multorum eciam
inferiorum commune est) sed specialiter pro uerbi diuini alta et
sublimi predicatione, cum michi a Deo per Prophetam dicatur,
110 'Clama; ne cesses; quasi tuba exalta uocem tuam.' Quomodo
ergo clamare potero absque uoce? In tantum plane, ut breuiter
dicam, tam michi quam unicuique rectorum ecclesie Dei uocis
usus necessarius est, ut aut, si desides sunt, oporteat eos esse

/93   *a kalendis ... Epiphanie,* from 1 November to 13 January
/106   *non solum*: i.e., *necessaria sit*
/110   Isai. 58:1

'canes mutos non ualentes latrare', aut, si non segnes, oporteat
115   eos uti uoce Johannis Baptiste: 'Ego uox clamantis in deserto.'

158b

74v   RESCRIPTVM BARTHOLOMEI MEDICI

Venerabili domino suo Petro diuina dispositione Cluniacensium
abbati, Bartholomeus suus, id quod est.
    Litteris uestre sublimitatis inspectis tantum et talem uirum,
5   ecclesie Dei admodum necessarium, corporeis passionibus
uiolenter affligi moleste sustinui. Recordor enim humilitatis et
caritatis uestre tamquam expertus. Cum enim anno preterito
Cluniacum uenissem, me nichil de uobis promeritum honorifice
uestra dilectio recepit, eciam uestre fraternitatis participem
10   constituit, tandem cum muneribus domum remisit. Itaque eam
quam in uobis percepi dilectionem non uerborum promissione
sed operis exequcione promereri desiderans, omnibus
75r   occasionibus omissis / peticioni uestre acquieui. Eapropter
Bernardum presencium latorem amicum nostrum et socium et
15   ut ita dicam operacionis nostre instrumentum, contra illas
necessitates quas ex litterarum uestrarum interpretacione cognoui munitum, uestre sublimitati mittere non distuli. Equidem
ego ipse, cum uestre discrecioni et uoluntati placuerit, ad uos
tamquam ad patrem et dominum uenire non recusabo. Interim
20   prouideat uestra discrecio quoniam prefato Benardo tocius
domus mee prouidenciam operatorii et egrorum commisi.
Quare eius absencia dampnorum multiplicitatem michi
paritura est, maxime si ultra mensem eundo et redeundo
moram fecerit.
25   De his autem que ad curam uestri pertinent, sic habetote:
Flebothomia ut michi uidetur differenda est quousque uox ad

158a/114 Isai. 56:10
    /115 Isai. 40:3, Matt. 3:1, and elsewhere
158b/   see first note on 158a
    /3   *id quod est,* that which he is
    /12   *exequcione*: CL *exsecutione*
    /20   *tocius ... egrorum,* the supervision of my whole establish-
        ment, the shop and the patients

pristinum officium redire incipiat, nisi alia forte (quod absit!)
necessitas superuenerit. Natura enim uestra magis ex flegmatis
quam ex sanguinis habundantia grauatur, quod et in preterito
30   anno, cum uobiscum per aliquot dies morarer, indiciis
manifestis percepi. Cauterium uero propter capitis dolorem
iterandum esse censeo, nec timeatis quod uisui noceat. Super
hoc autem quod medici uestri humidis utendum esse per-
suaserant ad leniendos scilicet spirituales meatus, uestre autem
35   discrecioni uisum est salubrius contra humidam morbi materiam
siccis medicaminibus uti, sic respondemus, quoniam non est hic
contrarietas, licet uideatur. Est enim idem medicamen
actualiter humidum, potentialiter siccum, et ut euidencius
dicam, idem materiam morbi desiccat et purgat, membrum
40   uero humectat et lenit. Quod auctoritate confirmatur, uerbi
gratia: 'Mirra,' ut in Libro Graduum habetur, 'sicca est, unde
et putridos humores desiccat'; sicut ibidem dicitur, 'Lenit
tamen asperitatem canalium pulmonis et palpebrarum. Quod
facit ex glutinositate et gummositate.' Hec autem medicamina
45   que humorem purgando desiccent et artherias humectando
leniant per Dei graciam erunt uobis salubria. De balneis autem
et stuphis, de suffumigacionibus et fomentacionibus circa
pectus, de pillulis eciam sub lingua tenendis, de pillulis ad
catarrum, de paulino balsamato, de gargarismis et similibus,
50   satis cum Bernardo nostro disserui. Quem eciam, si uestre
reuerencie et bonitati placuerit, quam cicius ad nos remittere
non differatis. Ex eius enim relatione de habitu et consciencia
uestra certifficatus, si quid innouandum fuerit, diligentem curam
adhibebo. Valete; utinam per Dei misericordiam et medicamina
55   uobis adhibita ualeatis.

/31 *capitis dolorem*: not mentioned in **158a** as the text stands, but
perhaps reported by the bearer

/41 *mirra*, etc.: these quotations may derive ultimately from
Constantine the African, a teacher at the school of Salerno –
see Constable *Letters* II 303; *graduum*: 'degrees' of intensity,
in which are calculated both imbalances of humours and the
dominant qualities of medicines capable of counteracting such
imbalances – see **158a**/50 ff

/51 *quam cicius*, as quickly as possible

C   **161**

185v1   AD PRIORES VEL SVPPRIORES LOCORVM CLVNIACENSIVM

Venerandis et dilectis fratribus nostris tam prioribus quam
custodibus ordinis, ubicumque constitutis, frater Petrus
humilis Cluniacensium abbas, salutem et ab Auctore gratiarum
5   gratiam et benedictionem.

Loquar an sileam? Aperiam labia an claudam? Si de illis
esse uoluero de quibus dicitur, 'Popule meus, qui te beatum
dicunt ipsi te decipiunt, et uiam gressuum tuorum dissipant,'
et de quibus irrisorie Scriptura Sancta uoce stulti populi
10   loquitur, 'Loquimini nobis placentia; uidete nobis uisiones,'
uel de his de quibus rursum ait, 'Canes muti non ualentes
latrare,' aut adulabor uobis aut tacebo. Si adulatus fuero, ueh
illud Propheticum incurram, quod in Esaia legitur: 'Veh his /
185v2   qui dicunt bonum malum et malum bonum, dicentes tenebras
15   lucem et lucem tenebras, uertentes amarum in dulce et dulce
in amarum.' Si tacuero, formido et illud: 'Si non annuntiaueritis
iniquo iniquitatem suam, ipse quidem in iniquitate sua
morietur, sanguinem autem eius de manu tua requiram.' Et
illud: 'Veh mihi quia tacui.' Nec adulari ergo uobis nec tacere
20   disposui. Vtrumque enim, quantum ad id quod dicere intendo,
aeque periculosum est. Restat igitur de duobus quae praemisi
alterum, hoc est, non ut sileam, sed ut loquar. Et quid dico
quia 'restat ut loquar'? Immo, ut et loquar et clamem.
'Clama,' inquit, 'ne cesses; quasi tuba exalta uocem tuam,' et
25   reliqua quae nostis. Loquor ergo et clamo, et ut ipsi qui praeestis aliis haec loquamini et inclametis admoneo. Nam nec in

161/   1144/56. This letter denounces the eating of meat at Cluniac
dependencies, as an inexcusable departure from the Rule.
/7   Isai. 3:12
/10   Isai. 30:10
/11   Isai. 56:10
/13   Isai. 5:20
/16   Ezech. 3:18, 33:8
/19   Isai. 6:5
/20   *quantum ad*: see **24/28** note
/24   Isai. 58:1

modico minus uobis quam mihi si tacueritis formidandum est,
cum sciatis uos uocatos, etsi non in plenitudinem potestatis,
tamen in partem sollicitudinis.

30   Et ne ultra quae dicenda sunt differam, relatum est mihi (et
hoc non a uilibus uel leuibus personis) quod non absque intimo
cordis merore dico, nullam iam distantiam esse, quantum ad
esum carnium pertinet, inter fratres nostros et laicos, inter
seculares et religiosos, immo — ut expressius loquar — inter
35 scurras et monachos. Dixi nullam distantiam esse inter hos et
illos, sed multa (heu, peruerso ordine!) est. Abstinent causa Dei
ipsi mimi uel lixae a carnibus omni Sabbato; abstinent insuper
plerique laicorum omni quarta; abstinent quidam ex ipsis etiam
omni secunda feria. At fratres nostri, sancti ordinis, coelestis
40 propositi, monachi et hoc Cluniacenses, spreto Deo, abiecto
pudore, totum ut dicitur annum, nulla praeter sextam excepta
feria, in absumendis carnibus continuant; nec hoc saltem occulte,
sed palam et publice facientes, 'peccatum suum' iuxta
Prophetam 'quasi Sodoma praedicant.' Discurrunt de locis ad
45 loca; et ut milui aut uultures, ubi uel fumum coquinarum
uiderint uel nidorem asse uel ustae carnis naribus hauserint,
celeriter aduolant. Et quia ab ista uidentibus prauo eorum ex- /
186r1 emplo sacer ordo blasphematur, ore illorum nomen Domini
ipsi blasphemant. Vaeh, ait Scriptura Sancta, his per quos
50 'nomen Domini blasphematur.' Deridetur iam a talibus, si quis
timore Dei ductus a tali esu abstinere uoluerit; et hypochrita,
simulator, ac prophanus uocatur. Reputatur ab eis 'sicut
ethnicus et publicanus'; cauendum esse ab illo sicut ab hoste
publico praedicant. Faba, caseus, oua, ipsi etiam pisces iam in
55 nauseam uersi sunt. Solae ollae Egyptiorum placent. Assus aut

---

/38 *quarta (feria)*, Wednesday
/39 *secunda feria,* Monday
/41 *sextam (feriam)*, Friday
/43 Isai. 3:9
/48 *illorum:* the critical observers; *ipsi* (/49): the gluttonous monks
/50 Isai. 52:5, I Tim. 6:1
/52 Matt. 18:17
/55 *ollae* ('fleshpots'), etc.: Exod. 16:3

elixus porcus, iuuenca pinguis, cirogrillus et lepus, anser ex
anserum grege electus, gallinae, et prorsus omne quadrupes
aut uolatile domesticum, sanctorum monachorum mensas
operiunt. Sed uiluerunt iam et ista. Assiduitas multa fastidium
60   ingessit. Ad regales et peregrinas delicias transitus factus est;
satur monachus iam non nisi caprea, ceruo, apro uel urso
agresti uesci potest. Lustranda sunt nemora; uenatoribus opus
est. Aucupum arte fasciani, perdices, turtures capiendi sunt ne
seruus Dei fame pereat. Prouidendum sollicite ut quia aliter
65   uiuere non potest, eius omnino desideriis satisfiat.
　　　Quid ergo restat? Quando quidem non nisi sexta feria per
omnem ebdomadam ab his epulis excipitur, addatur et ipsa;
nec illa Christianorum quadragesima conuiuia continuata inter-
polet. Abscedant de medio ueris, aestatis, autumni, et hiemis
70   ieiunia. Totus <ex> integro annus epulis et gaudiis continuetur,
ne forte talium hominum deus offendatur, de quo et de quibus
Apostolus ait, 'Quorum deus uenter est, et gloria in con-
fusionem ipsorum.' Vt quid enim huiusmodi monachi absque
fructu fatigantur? Vt quid absque spe mercedis sexta feria,
75   quadragesima, uel reliquis iam dictis diebus a carnibus
abstinent? Que enim eis mercedis spes superesse potest, qui
non sponte sed inuiti, non uoluntarii sed coacti, sanctis illis
diebus a carnibus abstinere uidentur? Nullus enim, nullus
inquam mihi persuadet tales illis diebus, si impune liceret, uelle
80   a carnibus abstinere. Relinquant ergo quod inuiti faciunt; et
186r2   sicut / a pane illo alieni de quo in Euangelio legitur, 'Beatus
qui manducabit panem in regno Dei,' et sicut a mensa illa
extorres de qua Christus, 'Vt edatis et bibatis super mensam
meam in regno meo,' non amittant interim carnes porcinas,
85   non uaccinas, non quaslibet alias ipsa sexta feria uel quadragesima. Totus ut iam dixi et integer annus in gaudio et epulis

/72 Philip. 3:19
/73, 74 *ut quid,* why
/81 *a... alieni,* strangers to that bread; Luc. 14:15
/82 *a... extorres,* exiles from that table
/83 Luc. 22:30

continuetur, ut meror et tormenta his epulonibus per secula
perpetuentur.

Non sufficiunt iam (ut a quibusdam nostris et fide dignis
90 accepi) praedia Cluniacensia mensis et conuiuiis prodigorum
nostrorum, in tantum ut si carnibus et uotis eorum deuotus
minister uoluerit satisfacere, terras ipsas et praedia necesse sit
uendere. Et o quicunque es talium conuiuiorum carnifex,
hoccine est quod monachum profitens Deo uouisti? Hoccine
95 est quod coram abbate tuo et fratribus promisisti? Haeccine est
Regula secundam quam te uiuere spopondisti? Videamus,
uideamus; ipsa Regula in medium adducatur; et utrum profitens
quod de carnibus profitetur teneat, agnoscatur. 'Carnium,'
inquit, 'quadrupedum omnino ab omnibus abstineatur comestio,
100 praeter omnino debiles et egrotos.' Et in alio loco: 'Carnium
esus infirmis quotiens expedit offeratur. At ubi meliorati
fuerint, a carnibus more solito omnes abstineant.' Quid dicis?
Monachus sum. Et o utinam. Si ergo monachus es, ubi est hoc
quod professus es? Professus es certe oboedientiam secundum
105 Regulam sancti Benedicti. Haec sunt autem de hoc capitulo
uerba Regulae quae audisti. Quid igitur praeuaricaris? Quid Deo
mentiris? Quid te ipsum fallis? Verba tua te condemnant; 'de
ore tuo' ut seruum nequam te iudicant; cyrographum quod
scripsisti homines seruant, angeli retinent; proponendum tibi
110 in die magni iudicii Dei ante tribunal summi et ueri iudicis Iesu
Christi, proponendum inquam et legendum, siue ad uitam siue
ad mortem. Et ne tibi recurrere liceat ad id quod soles, ut dicas
et hoc capitulum sicut et alia quaedam a sanctis quibusdam
186v1 patribus certa ratione mu/tatum, respondeo: Aliter est. Si enim

---

/94   *hoccine*: emphatic form of *hoc* plus interrogative particle *-ne*
        monachum profitens, when you made your profession as
        a monk; cf /97: *profitens*, the professed monk
/98   Benedict *Regula* 39.11
/100   *Regula* 36.8-9
/107   Luc. 19:22
/108   *cyrographum* (*chirographum*): here, a double document
        recording a monk's vows, of which the monastery kept one
        half and the monk the other

115   de nouiciis suscipiendis, si de opere manuum, si de uestibus et
quibusdam similibus a bonis patribus post sanctum Benedictum
mutatum est, non dubia sed certa et rationabili causa factum
est. Et causa uel ratio quia bis a me in duabus epistolis olim
domino abbati Clareuallensi directis studiose descripta est, hic
120   iterare superfluum iudico. Si adeo studiosus fueris, ibi plene
reperies. At huius capituli praeuaricatio qua ratione excusabitur?
Qua causa sospes et integris uiribus monachus carnibus utens
reus non esse monstrabitur? Dic si quid habes et aliqua uera
uel ueri similis ratio est; carnes tibi si potes uendica. Non
125   habes, non habes inquam ut aestimo quid dicas. Non habes
plane unde periurii neuum, ne dicam noxam, expurges. Obuiat
Regula. Contradicit iusticia.

       Et quid dico? Sileat interim Regula. Veniat post magnum
Benedictum et eius discipulum Maurum summus ordinis
130   monastici in Galliis reparator, praecipuus Regulae reformator
Odo, Odo inquam primus Cluniacensis ordinis pater qui
emortuum iam et pene ubique sepultum monastici propositi
feruorem resuscitare summo conamine aggressus est.

       'Defecerat suo tempore sanctus; diminutae erant ueritates a
135   filiis hominum.' In cunctis pene Europae nostrae finibus de
monacho praeter tonsuram et habitum nihil. Institit ille
diuino operi pene tunc solus; et Cluniaci prima iaciens
fundamenta, post huc illucque religionis semina, quamdiu
aduixit, serere non cessauit. Ille ergo, o frater, primus tuus
140   pater quid de carnium capitulo sensit? Quid dixit? Quid

/115   *de nouiciis,* etc.: here and elsewhere Peter defends these
departures from the Rule, criticized as relaxations by the
Cistercians, as the reasonable and necessary revisions of
past generations.

/118   *causa uel ratio*: subject of the sentence, then by a change
of construction the object of *iterare* (/120); *epistolis*: the
important letters 28 and 111 to Bernard of Clairvaux (ed.
Constable), too long to be included in this selection

/129   *Maurum*: traditional founder of Glanfeuil, later St-Maur-
sur-Loire

/131   *Odo ... pater*: Odo (879-942), second abbot of Cluny, was
the real founder of its influence; see *ODCC*[2] 307 'Cluny'.

/134   Psal. 11:2

scripsit? Consule librum eius; relege uerba eius. Inuenies inter
alia ad terrorem talium illum scripsisse quendam illius corrupti
temporis monachum quadam die mane ad domum parentum
suorum uenisse et ut sibi refectio pararetur quaesisse. Cumque

145 parentes respondissent habere se pisces in promptu, indignatus
ille ad nomen piscium fuste quam forte manu tenebat gallinam
prope astantem percussit et dixit, 'Cur pisces uos habere dicitis?

186v2 Haec / plane, haec hodie mihi piscis erit.' Erubescentes illi ad
uerba impudentis hominis, gallinam a monacho ad aesum per-

150 cussam festinanter praeparant, igni admouent, assare incipiunt.
Cumque diutius assaretur, ille gula instigante impatiens, et uelut
actus furia, gallinam inuadit, offam extrahit, ori iniicit. Quam
statim attritam dum traiicere conatus esset, non potuit; cum
reiicere, nec illud praeualuit. Accurrunt omnes; conclamant

155 undique; frequentes ictus collo patientis ingeminant ut mortis
esca reiici posset; toto studio et conatu laborant. Sed nequic-
quam. Ita uia gutturis obturata, spiritu uitali praecluso, monachus
ille nec confiteri peccata nec escam salutarem, hoc est corpus
Christi, obstante mortifero cibo sumere praeualens, in momento

160 extinctus est. Sic tam terribili morte praeuentus, 'horrendum
esse incidere in manus Dei uiuentis' praesentes et posteros
docuit, et esum carnium ad fortes et incolumes monachos non
pertinere lucide demonstrauit. Haec est certe, Cluniacensis
frater, primi et sancti patris tui Odonis de carnibus monachorum

165 sententia, haec doctrina.

  Sed ne forte dicas in uno tantum monacho eum hoc uicium
condemnare, recole uitae ipsius historiam; et quanto studio
monachos Sancti Benedicti super Ligerim sibi commissos a
carnibus edendis cohibuerit, ad mentem reuoca. Nam sic ibi

170 legitur: 'His praeterea diebus coepit eis persuadere ut ab esu
carnium recederent, parce uiuerent, nihilque proprium
possiderent.' Et post quaedam: 'At fratres illi, id ipsum cui
abrenunciauerant moliebantur mandendo consumere, cum

/142 *quendam,* etc.: *Vita S. Odonis* 3.4 (PL 133.78B-C)
/160 Hebr. 10:31
/168 *Sancti,* etc.: St-Benoît-sur-Loire, known also as Fleury
/170 *Vita S. Odonis* 3.9 (PL 133.81D-82A)

caeteris quae pater noster secum detulerat, ut consumptis
175 omnibus saltem inuitus carnem eis edendam concederet. Qua
de re indesinenter expetebant pisces. Econtra pius pater
cuncta illis impendebat competentia, ut ab uno eos cohiberet.'
A quo uno? A carne utique edenda; haec est inquam ut dixi,
si Cluniacensis es, doctrina patris tui; hoc eius exemplum,
180 hoc eius praeceptum. Aut ergo nega eum patrem tuum, et
comede carnes tuas, aut confitere, et abstine a carnibus non /
187r1 tuis. Dico eas non tuas, si monachus et sanus es. Et quid dico,
si monachus et sanus es? Plus aliquid dicam. Vide quantum
condemnari debeat esus carnium in monachis, cum seuerissime
185 a Deo condemnatus fuerit etiam in Iudeis. Dicebant illi:
'Quis dabit nobis ad uescendum carnes? Anima nostra arida
est. Nihil aliud respiciunt oculi nostri nisi man.' Et quid post?
'Iratus est,' ait Scriptura Sancta, 'furor Domini ualde. Sed et
Moysi intollerabilis res uisa est.' Quod si Deus iratus est, si
190 Moysi intollerabilis res uisa est quia desiderabat carnem Iudeus,
nunquid Deo placere potest, nunquid res tollerabilis est
quando contra uotum suum comedit carnem monachus?

　　Sed audi formidabile iudicium Dei. Licet Deus ea de causa
iratus fuerit, licet murmur illud Moysi intollerabile uisum
195 fuerit, satis factum est tamen Iudaicae concupiscentiae, ut
adepti quod male cupierant punirentur, et implerentur in eis
tormenta illa sententia qua dicitur, 'Dimisi eos secundum
desideria cordis sui; ibunt in adinuentionibus suis.' Sic plane
sic factum est. 'Concupierunt concupiscentiam in deserto, et
200 tentauerunt Deum in inaquoso. Et dedit eis petitionem
ipsorum, et misit saturitatem in animas eorum.' Nam sic eis
dictum est: 'Sanctificamini: cras comedetis carnes. Ego enim,'

/176　*pius pater,* etc.: in order to prevent the eating of meat Odo
　　　　met the extravagant demands through which they had hoped
　　　　to exhaust the supply of lawful foods.
/186　Num. 11:4, 6
/188　Num. 11:10
/197　Psal. 80:13
/199　Psal. 105:14-15
/201　*saturitatem,* loathing
/202　Num. 11:18-20

ait Deus, 'audiui uos dicere: "Quis dabit nobis escas carnium?
Bene nobis erat in Egypto." Vt det uobis Dominus carnes et
205   comedatis, non uno die nec duobus uel quinque aut decem, nec
uiginti quidem, sed usque ad mensem dierum, donec exeat per
nares uestras et uertatur in nauseam, eo quod repuleritis
Dominum, qui in medio nostri est.' Ecce impletum est quod
concupierant. Comederunt, et perierunt. Audi Moysen: 'Adhuc
210   carnes erant in dentibus eorum, nec defecerat cibus huiusmodi;
et ecce furor Domini concitatus in populum percussit eum
plaga magna nimis. Vocatusque est locus ille, Sepulchra
Concupiscentiae. Ibi enim sepelierunt populum qui desiderauerat
carnes.' Audi et Dauid: 'Adhuc aescae eorum erant in ore
187r2   ipsorum, et ira / Dei ascendit super eos. Et occidit pingues
eorum, et electos Israel impediuit.' Quid euidentius? Quid
terribilius? Audi, coruine monache, nec irascaris quia te sic
nomino. In quo enim differs a coruo, in quo a uulture, in quo
ab urso, in quo a lupo? Inhiant uolucres illae aut ferae
220   sanguineis dapibus, nec dies a diebus nec horas ab horis in
uescendo discernunt. Sic ut uideo et tu, qui (ut supra scripsi)
nullum tempus, nullam diem, nisi quando ui cogeris, a tali esu
uacare permittis. Audi, aduerte, intellige Iudeos, in quos tam
dire ultus est Deus carnium concupiscentiam, nequaquam prius
225   uouisse Deo carnium abstinentiam. Qui licet nihil Deo tale
uouerint, nihil promiserint, tamen quia concupierunt, quia
murmurauerunt, quia comederunt, 'ira Dei ascendit super eos',
electi Israel impediti sunt, innumeri interfecti sunt, in
sepulchris concupiscentiae, quia carnes concupierant, sepulti
230   sunt.
    At tu qui ob maius meritum in coelo reponendum ne carnem
sanus comederes Deo uouisti, cuius uox pene assidue coram
Deo <cum> Propheta resonat eique audacter promittit,
'Reddam tibi uota mea quae distinxerunt labia mea,' cum pene

/209   Num. 11:33-4
/214   Psal. 77:30-1
/217   *coruine*: cf **43/14** note
/234   Psal. 65:13-14

235   quotidie initum cum Deo pactum irritum facias, impunitus
euades? Vis, immo exigis, tibi reddi quod tibi promittitur a
proximo, et putas a Deo non exigi quod promittitur Deo?
Tacet quidem nunc, sed (ut ipse loquitur) nunquid semper
tacebit? Plane quandoque 'sicut parturiens' loquetur; plane,
240   ut se habent uerba eius, 'uociferabitur et clamabit, et super
inimicos suos confortabitur'. Exiget, quia praeuaricatus es;
exiget, quia mentitus es; nec dimittet aliquid usque ad
ultimum quadrantem. Terreant ergo te tot ista, etsi nondum a
facie Dei proiectus es; time quod audis; nec uana uel ludicra
245   putes, quia, quod nullus unquam mortalium potuit, nec tu ut
credo poteris effugere iudicium Dei. Haec uerba non sunt mea,
sed Apostoli, immo ipsius qui in Apostolo loquitur Christi.
'Statue,' ut ait Salomon, quando ad mensam accedis, 'statue,'
187v1   inquam, 'cultrum in gutture tuo'; 'confi/ge timore Dei carnes
250   tuas'; coge illas abstinere a carnibus non tuis. Pomo (quod
minus est), non carne, periit et perdidit orbem parens carnis
humanae. Quae culpa quanta fuerit, etiam parum aduertens
agnoscit. Nam nisi primus in esu illo reatus fuisset, non tanta
Dei filius ad illum expiandum in assumpta carne tulisset.

255   Sed quid exemplis immoror? Innumera sunt Scripturae
Sanctae testimonia quae gulae intemperiem damnant, quae
quanta inde mala sequantur demonstrant, quae quibuslibet
Christianis, ne dicam monachis, omnino cauendam esse pre-
dicant. Vnde qui supra Apostolus: 'Non in comessationibus
260   et ebrietatibus.' Qui et ostendens quid inde sequatur, subdit:
'Non in cubilibus et impudicitiis.' Sed forte oppones mihi
edos Ysaac, quibus saturatus benedixit filio. Obiicies forsitan
et coruos Heliae, de quibus legitur quia 'deferebant ei panes
et carnes mane, et panes et carnes uespere.' Ast ego licet tu

/239   Isai. 42:14, 13
/242   *usque*, etc.: cf Matt. 5:26
/245   *nec tu*, etc.: cf Rom. 2:3
/248   Prov. 23:2
/249   Psal. 118:120
/259   Rom. 13:13
/262   *edos* (CL *haedos*), etc.: Gen. 27
/263   III Reg. 17:6

265 patriarcha non sis, libens tibi concedo aedos patriarchae, si
tamen iam satur benedictiones quas ille filio, tu michi quoque
dederis. Nec carnes Heliae abnuam, si uel tu propheta fueris uel
a coruis allatas carnes susceperis. Sed ne nimius in loquendo
uidear, iam uerba finio. Ad quid enim ea ultra producerem? Si
270 te ista non terrent, nec plura ut puto terrerent. Si te ista non
corrigunt, nec ut aestimo maiora corrigerent. Det ergo Deus ut
tibi quae dicta sunt prosint. Quod si tibi non profuerint, mihi
saltem proderunt. Dicam enim Deo, quod pater Benedictus
contemptos a subditis magistros dicturos perhibet: 'Iusticiam
275 tuam non abscondi in corde meo; ueritatem tuam et salutare
tuum dixi. Ipsi autem contemnentes spreuerunt me.'

163

188r1 EPISTOLA CLAREVALLIS ABBATIS AD DOMNVM ABBATEM

Amantissimo patri Petro Dei gratia uenerabili Cluniacensi
abbati, frater Bernardus de Claraualle, salutem et quas potest
orationes in Domino.

5   Grauem nimis ac miserabilem orientalis ecclesiae gemitum
ad aures uestras, immo ad ipsa etiam penetralia cordis arbitror
peruenisse. Dignum quippe est ut secundum magnitudinem
uestram, magnum exhibeatis eidem uestrae et omnium fidelium
matri compassionis affectum, praesertim tam uehementer
10   afflictae, tam grauiter periclitanti, dignum inquam ut tanto
amplius comedat uos zelus domus Dei quanto ampliorem in ea
locum ipso auctore tenetis. Alioquin si duramus uiscera, si
obduramus corda, si plagam hanc paruipendimus nec dolemus

161/274 *Regula* 2.9, citing Psal. 39:11, Isai. 1:2, Ezech. 20:27
163/   March/April 1150. This letter, from Bernard of Clairvaux,
          and the next are concerned with the (unsuccessful) effort
          to organize a new crusade after the failure of the Second
          Crusade; see S. Runciman *History of the Crusades* 3 vols.
          (Cambridge 1951-4) II 284-7.
/5   *orientalis ecclesiae gemitum*: probably refers to the defeat
          and death of Raymond of Antioch in June 1149 and the
          occupation of much of his principality by Nur-ed-Din; see
          164/12 ff and note; Runciman *History of the Crusades* II 325-30.

super contritione, ubi nostra in Deum charitas, ubi dilectio
188r2   proximorum? Immo uero si non / satagimus, quanta possumus
sollicitudine, consilium aliquod et remedium tantis malis
tantisque periculis adhibere, quomodo non ingrati esse con-
uincimur ei qui abscondit nos in die malorum in tabernaculo
suo, iustius perinde et uehementius puniendi, utpote tam
20   diuinae gloriae quam fraternae salutis negligentes?
Haec uobis tam fiducialiter quam familiariter duximus
suggerenda, ob gratiam utique qua nostram indignitatem
excellentia uestra dignatur. Nam et patres nostri, episcopi
Franciae, una cum domino rege et principibus, tertia Dominica
25   post Pascha apud Carnotum uenturi sunt et de uerbo hoc
tractaturi, ubi utinam mereamur habere praesentiam uestram.
Quia enim magnis omnino magnorum uirorum consiliis hoc
uerbum constat egere, gratum profecto obsequium praestabitis
Deo, si negotium eius a uobis non duxeritis alienum, sed
30   charitatis uestrae zelum probaueritis in oportunitatibus, in
tribulatione. Nostis enim, pater amantissime, nostis quoniam
amicus in necessitate probatur. Confidimus autem quod
magnum huic uerbo prouentum praesentia uestra praestabit,
tum pro auctoritate sanctae Cluniacensis ecclesiae, cui Deo
35   disponente praeestis, tum maxime pro sapientia et gratia
quam uobis ipse donauit ad utilitatem utique proximorum et
suum ipsius honorem. Qui uobis etiam nunc inspirare dignetur,
ut non grauemini uenire, et seruis suis in nomine eius et pro
zelo ipsius nominis congregandis uestram admodum
40   desiderabilem conferre praesentiam.

/18   *qui abscondit,* etc.: cf Isai. 4:6
/24   *rege*: Louis VII of France; *tertia Dominica post Pascha*:
7 May 1150
/32   *amicus,* etc.: cf Otto *Sprichwörter* 21-2; H. Walther *Proverbia
Sententiaeque Latinitatis Medii Aevi* Carmina Medii Aevi
Posterioris Latina II 5 parts (Göttingen 1963-7) I 111 ff
(nos. 949 ff)

164

188r2 EPISTOLA DOMNI ABBATIS RESPONSIVA AD DICTVM
BERNARDVM

Venerabili et praeclarae ecclesiae Dei lucernae, totisque
charitatis brachiis amplectendo, domno Bernardo abbati
5   Clareuallis, frater Petrus humilis Cluniacensis abbas, salutem ac
se totum.

188v1   Literae quas mihi sanctitas uestra misit, li/cet earum
materiam prius ex parte non ignorarem, mouerunt me, et
multum ut dignum erat mouerunt. Quem enim Christianum in
10   Christo suo aliquam spem habentem fama tam lamentabilis non
moueret, qua (ut ex literis etiam domini abbatis Sancti
Dionysii comperi) iam pene ubique diuulgatum est fratres
Templi, regem Hierosolimitanum, ipsam insuper dominicam ac
saluatricem crucem, in urbe Antiochena cum aliis multis obsessos
15   ac, nisi manus Domini 'in brachio extento' cito succurrat,
omnes in breui captiuandos? Quem non moueat, ne forte terra
illa sancta, a iugo impiorum tantis patrum laboribus, tanto
Christicolarum sanguine ante non multum temporis eruta,
rursum impiis et blasphemis subdatur? Quem non moueat, si
20   tam salubris peccatorum poenitentium uia, quae (ut dignum
est credere) innumera peregrinantium milia a quinquaginta iam
annis inferis abstulit, coelo restituit, nequam Sarracenorum
obice obstante claudatur?

164/   See first note on **163**. Though some historians, partly on the
basis of this letter, have considered Peter unsympathetic to
the Crusades, the latest study concludes otherwise; see V. Berry
'Peter the Venerable and the Crusades' *Petr. Ven.* 141-62.
/11   *literis*: the letter from Suger of St-Denis is preserved as letter
165 (ed. Constable)
/12   *fratres Templi*, etc.: King Baldwin of Jerusalem and a con-
tingent of Knights Templar had hurried to the defence of
Antioch after the death of Prince Raymond; see **163/5** note.
/15   Deut. 5:15, Ezech. 20:33
/18   *ante ... temporis*, not long ago
/20   *peccatorum poenitentium*, for those who repent of their sins
/21   *a quinquaginta iam annis*, for fifty years now

Absit, absit inquam quod adeo in Christianos suos, in
25   'populum adquisitionis', coelestis ira deseuiat, ut nouiter
inflicto et adhuc calenti uulneri tam acre denuo uulnus
addatur, quod sui magnitudine iam non uideatur esse
purgatorium sed peremptorium. Non esset uere reputandus
inter membra corporis Christi, quem ex intimis praecordiorum
30   uisceribus non moueret tantum periculum, immo tanta clades
populi Christiani: non dico quem non moueret ad com-
patiendum tantum, quod omnibus leue est, sed ad sub-
ueniendum pro uiribus et ad subeundum etiam quicquid graue
est. Si enim in corpore humano manus manui, pes pedi,
35   membrum quodlibet membro cuilibet, si laesum fuerit, subuenire non dissimulat, eiusque laesionem non alienam sed
propriam reputat, quanto magis in sacro corpore Christi, quod
est eius ecclesia, toto nisu, tota uirtute, frater fratri, proximus
proximo, maxime in maioribus periculis occurrere et
40   succurrere debet? Facit hoc in carne humana unus uniuersa
membra uiuificans spiritus; facit hoc idem in corpore ecclesiae
unus qui eius uniuersa membra uiuificat Spiritus Sanctus. Non
188v2   ergo uegetatur spiritu Chri/sti qui non sentit uulnera corporis
Christi. Monstratur igitur aperte, esse tam uos quam quosdam
45   alios uestrarum partium uiros de praecipuis membris corporis
eius, quos adeo mouet, quos adeo angit laesio corporis eius.
     Apparet inde maxime uerum esse quod dico, quod cum in
ultimo occidente, immo in ipso pene occidui oceani littore
positus sitis, tot interiectis terrarum spatiis, laboranti in
50   oriente Christiano nomini, summo quantoque potestis studio
succurrere festinatis. Inde est quod apud Carnotum cum
domino rege et aliis patribus ecclesiae ac regni maioribus die
indicta conuenire decreuistis, meque sacro illi conuentui inter-
esse rogastis. Fateor quod uerum est, quia et excusare aduentum
55   meum erubesco et tamen omnino uenire non possum. Inter

/25   I Petr. 2:9: 'a people claimed for his own' (The New
       English Bible)
/29   *membra corporis Christi*: cf Rom. 12:4,5
/49   *positus*: goes with the polite plural *sitis*
/52   *rege*: Louis VII of France

alia enim quae obstant, in quibus est ab ipso Natali Domini
fere continuum corporis mei incommodum, ineuitabili de causa
antequam aliquid de istis scirem in initio pene Quadragesimae,
eadem die qua conuentus indictus est apud Carnotum, multos
60   ex prioribus nostris nuncio et literis uenire preceperam
Cluniacum. Causam ex parte aduentus eorum dixi secreto
uenerando uiro, domino abbati de Fontanel, qui mihi literas
uestras attulerat, quam ab ipso si placuerit audire poteritis.
Rogo ergo et iterum iterumque rogo, ne hoc egre feratis uel
65   cogitetis me 'in corde et corde' loqui, quod non solum loquens
uobis caueo sed etiam semper cauere soleo. Non enim tantum
usque Carnotum hac tanta de causa uenirem, sed nec usque ad
ipsam de qua agitur, Hierusalem, si necessitates commissae mihi
ecclesiae paterentur, ire ullomodo dubitarem. Si tamen con-
70   tingeret alio tempore conuentum alium uel in uestris uel in
nostris partibus celebrari, nisi rursum ineuitabilis causa obstaret,
sciat reuerentia uestra me libentissime iturum, et cum conuentu
et sine conuentu tantae rei auxilium pro uiribus praebiturum.

174

    AD PAPAM EVGENIVM

Summo pontifici et nostro speciali patri domino papae Eugenio,
frater Petrus humilis Cluniacensium abbas, debitam cum filiali
amore obedientiam.
5   Multa saepe audit a multis praelata orbi terrarum uestra

164/57   *incommodum*: possibly the chronic catarrh mentioned at **158a/11**
    /61   *causam*: perhaps the discussion of reforms within the Cluniac
        order
    /62   *Fontanel*: the identification is uncertain
    /65   Psal. 11:3
    /70   *conuentum alium*: Bernard wrote again to Peter saying that
        a second meeting had been arranged for July. It may never
        have taken place; see Berry 'Crusades' 161-2.
174/   1145/53. This letter to Eugene III supports the appeal of the
    bearer, a cleric convicted of theft, to the papal court; it throws
    interesting light on the use of sorcery and on judicial ordeals.
    /5   *praelata orbi terrarum,* revealed to the world

Apostolica sollicitudo, quae quandoque bona sunt, quandoque
mala, quandoque optima, quandoque pessima. Sed nunc in
partibus nostris tale quid contigit de quo uere illud Scripturae
dicere possumus: 'Nunquam sic apparuit in Israel.' Briuatensis
10   ecclesia, iuri Apostolico — nullo alio episcopo mediante — sub-
iecta, iuxta propriae institutionis morem, magna et nobilis diu
permansit, sed ab aliquanto tempore ab antiquo et bono proposito degenerans dictum etiam sibi a Propheta fatetur:
'Argentum tuum uersum est in scoriam; uinum tuum mixtum
15   est aqua.' Plurima sunt quae ostenderent uerum esse quod
dico, nisi plus nimio uobis longus esse timerem. Hoc tamen
breuiter dico: nepharium opus quod nuper in illa ecclesia
contigit uix nisi merito malorum precedentium accidere
potuisse, ut iuxta Ioannis Apostoli reuelationem 'qui in
20   sordibus est, sordescat adhuc'. Sed iam rem ipsam pater audiat.
  Aureum ecclesiae philacterium fur nescitur quis nuper
furatus est. Auditum est a clericis. Cunque olim 'ciuitas plena
203v1   iudicii' ordi/ne iudiciario et canonico rem inquirere, examinare,
ac censura ecclesiastica terminare debuisset, posthabito Deo,
25   abiecta fide, spreta non solum canonicali (quod nomen eis
tantum superest) uerum etiam Christiana religione, ac si 'non
esset Deus in Israel', miserunt 'ad consulendum Beelzebub,
deum Acharon'. Qui qualiter ab eis consultus sit, qualiter eis
responderit, a praesentium latore uel ab eius sociis plenius
30   audietis. Nec enim, ut ex auditis collegi, minus fuit magum
illum a quo ea se audisse dixerunt consulere quam Moloch,
Moabitarum daemoni, sacrificare. A quo responso accepto

/9   Iudic. 19:30; *Briuatensis ecclesia*: the abbey of Brioude, a
       college of secular canons not far from Peter's family seat
       of Montboissier
/14   Isai. 1:22
/16   *plus nimio ... longus,* exceedingly tedious
/19   Apoc. 22:11
/22   Isai. 1:21
/26   IV Reg. 1:3
/27   *ad consulendum,* etc.: that is, they consulted a sorcerer
       instead of using the proper judicial procedures.
/29   *latore*: the accused, on whose behalf Peter wrote this letter

imposuerunt praesentium latori commissum sacrilegium.
Negauit ille, nec <se> scelus admisisse uel in aliquo esse
35　conscium constanter et ut credo ueraciter protestatus est.
Addidit paratum se esse die ab eis constituta ecclesiasticum
iudicium subire et quicquid inde discernerent exequi. Et ne de
his quae se facturum spondebat uel in modico dubitare possent,
se ipsum usque quo cuncta perficeret eis in obsidatum dedit,
40　pecuniam suam resque omnes sacramento eis obligauit,
satisdationes etiam tam parentum suorum quam multorum
amicorum supra dictis adiunxit. Indicta est causae agendae
uigesima dies. Praeceptum est ut ad diem illam sic praeparatus
ueniret quatinus ignis praeiudicio, non iudicio, se si posset ab
45　obiecto crimine expurgaret. Adiunctum est ab eisdem scire se
quidem quod imperabant non esse canonicum, sed canonicorum
conuentum nullo ei modo alio crediturum.

　　Ventum est ad diem. Rogus maximus extructus est, per
cuius medium pedes transiret, probaturus suam super obiecto
50　crimine innocentiam, si tamen intactus euaderet. Compulsus
ille tam uehementi peruersorum ne dicam impiorum hominum
uiolentia, quod cogebant concessit; atque se per ignem transiturum constantia resumpta promisit. Rogauit hoc solum, ut
uirtus et iustitia omnipotentis Dei, exorcismi more, super
55　pyram illam flammeam inuocaretur et, ut aliquando factum
audierat, in nomine ipsius benediceretur. Quod optimi et pii
iudices prorsus negarunt. Perstat adhuc ille; et etiam per non
benedictum ignem, conscientiae ut arbitror testimonio confisus,
transiturum se spondet. Quod uerentes illi, ne forte opere quod
60　dicebat impleret, missis ministris ignem iam paratum destruunt
ac (nequitia inaudita!) nec modo quem ipsi proposuerant eum
203v2　purgari permittunt. Inuadunt statim omnia / eius; et ac si re
iustissime iudicata reoque clare conuicto, nihil eis prorsus de

　　/46　*non esse canonicum,* was not according to church discipline.
　　　　The use of ordeals was regularly opposed by the Church in
　　　　the twelfth century.
　　/49　*pedes,* on foot
　　/53　*constantia resumpta*: ablative absolute
　　/63　*eis*: modifies *rebus* (/64)

rebus quas ipsis ut supra dictum est obligauerat derelinquunt.

65   Quid faceret tot, tantis, tam inauditis uiolentiis oppressus
homo? Nihil illi iam reliqui erat. Vnum quod habuit, unum
quod potuit, fecit. Ad illud unum, praecipuum, et singulare
oppressorum praesidium confugit; illud unum et ultimum
miserorum asilum, Apostolicum dico auxilium, elegit,

70   'tabernaculum' scilicet quod est 'in umbraculum diei ab aestu,
et in securitatem et in absconsionem a turbine et a pluuia'.
Ista, pater, in uobis et de uobis sperans, ubi praesensit ad
rapinam bonorum suorum falsos immo nullos iudices inhiare,
terminum uel obicem Appostolicae appellationis interposuit,

75   quam ut putabat non liceret eis transgredi. Sperabat enim eos
non ausuros quod ausi sunt, non dicturos quod dixerunt, non
facturos quod fecerunt. Sed frustra hoc sperauit, quia 'spes
eius frustrata est eum'. Quos enim mitiores futuros inde
sperauerat, longe ferociores inuenit.

80   Nam post factam appellationem tota illa rerum ipsius
rapina ab eis facta est, quae supra a me conscripta est. Addita
est insuper uerborum contumelia, quae apud imperatores seculi
reos maiestatis faceret et poena ad minus capitali puniret. Sed
quamuis ecclesia non habeat imperatoris gladium, habet tamen

85   super quoslibet minores sed et super ipsos imperatores imperium.
Vnde ei sub figura Prophetici nominis dicitur, 'Constitui te
super gentes et regna, ut euellas et destruas et disperdas et
dissipes et aedifices et plantes.' Qua de re si non potest occidere,
potest euellere. Si non potest occidere, potest destruere. Dixit

90   plane (ut audiui) Briuacensis abbas appellanti clerico, 'Quid

/70   Isai. 4:6
/77   Iob 40:28
/83   *reos ... faceret,* would make them guilty of lèse-majesté
/84   *quamuis ... imperium*: an allusion to the doctrine of the two
        swords, spiritual and material. Although Peter (unlike, for
        example, Bernard of Clairvaux) denies that the Church
        possesses the material sword (that is, the use of physical
        force as opposed to spiritual coercion), he asserts the
        spiritual sovereignty of the Church over temporal rulers;
        see Constable *Letters* II 228-9.
/86   Ier. 1:10

appellas? Quid nobis Papam opponis? Tantis Papa implicitus est,
tantis inuolutus negociis trans Rhodanum, quod nunquam cogemur
respondere ei cis Rhodanum.' Haec, pater, omnia ut scripsi accepi,
a talibus tamen quorum religioni, maturitati, ueritati credere com-
95   pulsus sum. Fortassis et uos, si illos audiretis et agnosceretis,
crederetis quod credidi, diceretis quod dixi.

    Vt ergo iam et meis uerbis et uestris auribus ut dignum est
parcam, oro, obsecro, supplico, ut causam pauperis sed
prudentis et in pluribus utilis (ut me agnouisse existimo) clerici
100   uobis assumatis et contra potentes et uiolentos aduersarios
204r1 defendatis. Nostis enim / quod sedes uestra sedes est illius cui
dicitur, 'Iustitia et iudicium praeparatio sedis tuae.' Et cui
rursum, 'Iustitia plena est dextera tua.' Et de quo iterum, 'Qui
facit iudicium iniuriam patientibus.' Quod si alteri quam uobis
105   loquerer, adderem illud Esaiae: 'Quaerite iudicium, subuenite
oppresso, iudicate pupillo, defendite uiduam, et uenite et
arguite me, dicit Dominus.' Quae uniuersa congruo effectui
religio et sapientia uestra mancipabit, si praeposito, qui maioris
in ecclesia illa nominis est, si abbati, si Odiloni de Magone, si
110   Ioanni de Cornone, si tandem et illis qui tanti sacrilegii immo
idolatriae participes fuerunt, auctoritas uestra praeceperit ut
clerico ablata omnia in integrum restituant, et post restitutionem
super tam nephanda quae eis obiiciuntur, die data, quod iustum
fuerit facturi et exequuturi, praesentiam suam uobis exhibeant.
115   Hoc enim super omnia et clericus rogat et nos precamur, ne
alicui praeter uos iudici causam istam terminandam committatis.
Quod cum factum fuerit, cum res sub iudicio maiestatis uestrae
constiterit, recordamini quid Helias prophano regi daemonem
consulenti et aegrotanti dixerit: 'Quia hoc fecisti, de lectulo
120   super quem ascendisti non descendes, sed morte morieris.'
Quare hoc ultimum adiunxerim, intelligit sapientia uestra.

   /102   Psal. 88:15
   /103   Psal. 47:11; Psal. 145:7
   /105   Isai. 1:17-18
   /108   *qui ... est*: at Brioude the provost outranked the abbot,
         contrary to usual practice.
   /109   *Odiloni ... Cornone*: these persons remain obscure.
   /114   *exequuturi*: CL *exsecuturi*
   /119   IV Reg. 1:4

191

210r2   AD QVEM SVPRA

Summo pontifici et nostro speciali patri domino papae
Eugenio, frater Petrus humilis Cluniacensium abbas, deuotam
obedientiam cum filiali amore.

5   Si Dei dispositio paternitati uestrae me proximum loco
fecisset, optassem et omnia a me facta uobis referre et de
faciendis uobiscum consilium inire. Nunc remotus opto saepe
facere quod semper non possum. Vnde notum facio benignitati
uestrae, quid post regressum meum a uobis factum sit de

10   castro quod super ipsum (ut ita dicam) Cluniaci caput Hugo
Discalciatus aedificabat. [contigerit] Questus fueram inde ut
nostis apud uos, et uestra prouidentia duro anathemati illud
submiserat. Rediens igitur, inueni non tantum inchoatum sed
et fortibus iam muris cinctum et excepta lapidea turri — cuius

15   iam materiam pene totam iam dictus Hugo congregauerat,
lignea interim iam erecta — fere ex integro consummatum.
Inueni et nostros uillam quandam iuris nostri quae Clarum
Mane dicitur, castro illi ualde proximam, fossatis et
munitionibus ambisse et prout breuitas temporis permiserat

20   communitam castro Hugonis pro castro opposuisse. Inueni
uniuersos adiacentes nobis — milites, castellanos, ipsos insuper
comites et duces Burgundiae nostrae — uelut aureae (ut dicitur)
fortunae inhiare et, quasi argentei fumi nidore attractos, ad
arma sumenda nostros undique concitare. Dicebant multa

25   amicorum condolentium uel consultantium specie; quae ego
audita in quam partem uergerent aduertens, aurem eis

191/   Spring 1152/July 1153. Peter describes the negotiations
        between Cluny and a neighbouring magnate who had built
        a castle threatening Cluny's security.
   /10 *Hugo Discalciatus*: Hugh Deschaux ('the Barefoot'), so
        called from his extravagance, was lord of La Bussière, eleven
        miles southwest of Cluny.
   /17 *Clarum Mane*: Clermain, a village on the southwest border
        of the seigneurie of Cluny
   /25 *quae (= et ea) ... aduertens,* and I, perceiving the tenor
        of what I was hearing

pacificam uelut bene consulentibus exhibebam. Instabant et
multi ex nostris (sed quo spiritu ipsi uiderint!) asserentes
credendum esse prudentibus uiris, qui cum amici essent et in re
30   militari assueti, non hortarentur ad inutilia nec suaderent dis-
suadenda.

Aderant econuerso longe plures his affirmantes nihil
unquam lucratam esse Cluniacum militaribus armis; aut
210v1   uecordem aut ho/stem esse, qui monachis pugnare suadeat, qui
35   cucullatum gladio praecingat; pro admirabili habendum
prodigio, si tale monstrum ad bella procedat. Ridendos esse
et subsannandos esse ab orbe terrarum huiusmodi milites uel
athletas, nec iam illuc uelle uenire seculares ad suscipiendum
religionis habitum, quem ab ipsis religiosis iam uiderent
40   depositum. Praeter haec, damna innumera inde posse oriri, cum
breui tempore bellica clades etiam longe maiores quam ecclesia
illa habeat redditus possit assumere et consumendo paulatim
in se ipsa deficere. Ad ultimum homines aliis assuetos studiis,
bellicarum artium prorsus ignaros, hostibus callidis et in his a
45   lacte educatis non nisi praedam uel escam existere.

Haec ut sanioris consilii esse claruerunt, mediante Hugone
de Berziaco et quibusdam aliis militibus, ex parte autem nostra
fratre Enguizone praecipue et quibusdam aliis instantibus, concordia huiusmodi facta est. Deiicit ipse castri constructor et
50   diruit ab ipsis fundamentis, suis uel suorum manibus, castrum;
seque nunquam deinceps aliquid ibidem aedificii facturum
iuramento confirmat. Dat insuper et montem ipsum ecclesiae.
Addit et iuramento se a castro Buxeriae usque Cluniacum in
aliquo prorsus loco munitionem aliquam nunquam ulterius

/41   *longe ... redditus,* revenues far greater than Cluny possesses
/46   *haec ... claruerunt,* as this clearly was the better advice;
      Hugone de Berziaco: Hugh III of Berzé, who held land
      between Cluny and Mâcon
/48   *Enguizone*: Enguizo, Peter's chamberlain, was the chief
      negotiator for Cluny at this meeting.
/53   *a castro Buxeriae usque Cluniacum,* between La Bussière
      and Cluny

55   esse facturum. Interdicit et hoc cunctis haeredibus suis, et
       instrumentum istud continens — auctoritate et testimonio
       Lugdunensis archiepiscopi et coepiscoporum eius, Guilelmi
       comitis, et aliorum terrae illius nobilium — sese facturum
       spopondit. Nos autem his de causis dedimus ei ducentas et
60   uiginti libras. Haec praecipue ea de causa facta nouerit
       sublimitas uestra, quia memores consilii quod nobis dedistis,
       maluimus in pacis conditionibus expendere multa quam sub
       dubia belli sorte consumere infinita.

/56   *instrumentum istud continens ... sese facturum,* he would
       make a document containing this
/57   *Guilelmi comitis*: William, count of Mâcon
/59   *ducentas et uiginti libras*: a very considerable sum. A mule,
       for example, was worth four pounds in the Limousin at
       this time; see G. Tenant de La Tour *L'Homme et la terre
       de Charlemagne à saint Louis* (Paris 1942) 721.

TEXTUAL NOTES

Sigla

A	MS Douai Bibliothèque municipale 381 (ca. 1165)
C	first edition (1522), based on a MS now lost
S	MS Le Puy Cathédrale unnumbered (ca. 1420)
Bibl. Clun.	*Bibliotheca Cluniacensis* ed. M. Marrier and A. Duchesne (Paris 1614)
Quentin	H. Quentin 'Une correspondance médicale' *Miscellanea F. Ehrle* 5 vols. Studi e Testi 37-42 (Rome 1924) I 80-6 [letters **158a, 158b**]

9/1	quemdam *supplied from A (table f.11v1) C*: quendam *S*
9/72	suscipiam *ACS*: excipiam *C in margin*: uel ex *A above* sus *of* suscipiam
24/35	nec adeo insipiens ut non intelligam *supplied from CS*
24/40	errato *CS*: erratu *A*
24/119	nobis *supplied from CS*
43/11	A me exigi *ACS*: A me exigis *Bibl. Clun.*
43/36	diutinus *A*: diutius *CS*: uel tius *A above* tinus *of* diutinus
43/36	protendatur *CS*: protenditur *A*
53/1	suę *supplied from A (table f.11v2)*: *S does not have the letter*
53/59	uelle *omitted by C*
53/365	ouis *AC*: uel apis *A above* ouis
58/141	referebat *C*: referebant *AS*
58/142	repraesentabat *C*: repręsentabant *AS*
58/151	Ysaiam *S*: Esaiam *C*: Ysaac *A*
58/196	Vnde ... implere *supplied from CS*
58/199	sed *CS*: et *A*
58/249	nurus *CS*: nucrus *A*
98/1	papam Innocentium *supplied from preceding letter*: eundem *AS*: eundem papam *C*

115/134	possit *CS*: posset *C in margin*: *A does not have the letter*
115/184	ille *S*: illae *C*
123/9	et Bonito ut parare studeat *supplied from CS*
124/11	coniungere *A*: adiungere *CS*: uel ad *A above* con *of* coniungere
124/53	celeri *C*: celebri *A*: *S does not have the poems*
158a/10	nota de catarro morbo *S in margin*: *AC do not have the letter*
158a/12	estate semel *Quentin*: etate seme *S*
158a/20	nec *S*: *Quentin conjectures* cum a quibusdam audissem
158a/21	*No gap in S*
158a/23	amittere *Quentin*: admittere *S*
158a/24	mortis *Quentin*: morti *S*
158a/27	poterant *Quentin*: poteram *S*
158a/79	nec (*before* meum) *Quentin*: ne *S*
158b/24	moram *Quentin*: morem *S*: *AC do not have the letter*
158b/49	catarrum: uel cacar... [?] *S above line*
158b/51	quam *Quentin*: quem *S*
158b/52	relatione *Quentin*: relatine *S*
161/70	ex *supplied from S*: *A does not have the letter*
161/92	terras *S*: trans *C*
161/146	fuste *S*: fustae *C*
161/201	sic *S*: si *C*
161/233	cum *supplied from S*
161/261	impudicitiis *Bibl. Clun.*: impudiciis *CS*
163/11	comedat uos zelus *S*: comendat vos. Zelus *C*: *A does not have the letter*
164/19	blasphemis *S*: blasphemiis *C*: *A does not have the letter*
164/25	deseuiat *S*: deseruiat *C*
164/65	cogitetis *S*: cogiteris *C*
174/1	papam Eugenium *supplied from preceding letter*: eundem *S*: eundem eugenium *C*: *A does not have the letter*

174/23	iudicii *S*: indicii *C*
174/34	se *supplied from S*
174/38	possent *S*: posset *C*
174/95	audiretis *S*: audieretis *C*
191/11	contigerit *deleted by eds.*: *A does not have the letter*
191/33	Cluniacum *Bibl. Clun.*: Cluniacensem *CS*
191/39	religiosis *S*: religioonis *C*
191/49	est *S*: esse *C*

GLOSSARY

The Glossary does not as a rule list words if by interpreting the spelling they can be found in dictionaries of Classical Latin.

abraderet (-ere) erase 98/21
abscondito, in secretly 53/137
absconsionem (-io) shelter 58/153, 174/71
absolutionem (-io) absolution (of sins) 53/90
absoluens (-ere) absolve (of sins) 58/394
absorta (absorbere) swallow up, vanquish 53/388
agendam (-a) mass for the dead 58/395
agonia (-a) agony 58/72
Andegauorum (-us) inhabitant of Anjou, Angevin 58/9
annuatim annually 53/62
Apostolicam (-us) of the Pope, papal 98/9, /12, etc.
aptitudinem (-tudo) aptness 124/23
aquilonali (-is) northern 58/104
argumentosa (-us) rich in witness, eloquent 53/365
Aristotelicis (-us) Aristotelian, of Aristotle 9/37

balsamato (-us) made with balsam 158b/49
bonitati (-tas) benevolence (form of address) 158b/51
Briuatensis of Brioude 174/9, /90

canonicali (-is) of or for canons (members of collegiate church) 174/25
canonico (-us) canonical, conforming to the canon or law of the church 174/23, /46; canon (member of collegiate church) 174/46
Carnotum (-um) Chartres 163/25, 164/51, etc.
Cartusiensi (-is) of La Grande Chartreuse, Carthusian 24/3; a Carthusian 24/1
causaris (-ari) complain 43/65
cellarariam (-a) cellarer 53/305
Celsinanias (-ae) Sauxillanges 53/100

Cenomannorum (-us) inhabitant of Maine 58/9
censura ruling, judgment 174/24
certifficatus (-are) inform 158b/53
chaos (-os) chasm 24/87
charismate (-ma) grace, spiritual gift 53/53
ciminum (cuminum) cumin 158a/59
cimiterio (-um) graveyard, churchyard 53/392
cirogrillus rabbit 161/56
Clareuallensis (-is) of Clairvaux 98/15, /22, etc.
Clareuallis (Clarauallis) Clairvaux 163/1, /3, etc.
claustri (-um) monastery, cloister 53/159, /259, etc.,
    seclusion, retirement 53/312
Cluniacensis of Cluny, Cluniac 98/35, 123/2, etc.; monk of
    Cluny, Cluniac 9/3, 24/4, etc.
Cluniacus Cluny 51/12, 53/177, etc.
coheremita fellow hermit 123/20, 124/12
collatio edifying conversation, talk 53/8, 58/124, etc.
    consultation 158a/65
comites (-mes) count 191/22
concordia agreement, compromise 191/48
Conditoris (-or) the Creator 53/146
coniubila (-are) rejoice 124/76
constructor builder 191/49
contritione (-io) affliction, oppression 163/14
conuentus (religious) house 24/124, 98/35, etc., common
    assembly 43/74, 115/162
conuersatio way of life, behaviour, manner 43/56, 53/6, etc.
conuersio profession of monastic vows, (conversion to)
    monastic life 51/24, 53/280, conversion, turning away
    53/110
corruptionem (-io) textual corruption 24/115
cucullatum (-us) one who wears a monk's cowl 191/35
custodibus (custos) ordinis sub-prior (monastic official) 161/3
Cysterciensis of Cîteaux 98/15, /22

deprecationibus (-io) entreaty 43/6
diabutyrum electuary of butter 158a/63

diadragagantum electuary of tragacanth 158a/62
dietam (-a) diet 158a/57, /68
discrecio discretion, discernment, prudence 43/4, 158b/18, etc.
discrete prudently 43/107
dispensatione (-io) dispensation, provision 58/135
dispositio (diuina, Dei) Providence 115/141, 191/5, etc.
dissimulat (-are) neglect 164/36
distensione (-io) distraction 58/146
distinxerunt (-ere) articulate, utter 51/15, 161/234
dominica (-us) of the Lord, divine 53/266, 164/13
domus religious house 43/10, 53/185, etc.
dragagantum (tragacanthum) gum tragacanth 158a/59
duces (dux) duke 191/22

ebdomadas (hebdomadas) seven days, a week 158a/35, 161/67
econuerso on the contrary, on the other hand 115/54, 191/32
electuariis (-um) electuary 158a/62
elemosinis (eleemosyna) alms 53/63, /238
eruditoria (-us) instructive 115/167
exasperatio mortification of the flesh 43/88

fasciani (phasianus) pheasant 161/63
Fontem Ebraudi (Fons Ebraudi) Fontevrault 53/49, /157
Franciam (-a) Isle-de-France 58/11, 98/6, etc.
frater fellow monk, brother 9/2, 24/4, etc.

gingiber (zingiber) ginger 158a/63
glutinositate (-tas) stickiness 158b/44
graduum (-us) degree (of intensity) 158b/41
gratiam (-a) divine grace 24/130
gummositate (-tas) gumminess 158b/44

habitum (-us) habit, religious attire 51/12, 53/30, etc.
humoribus (-or) humour (physiological term) 158a/31, /39

idolatriae see **ydolatriam**
illatione (-io) illation ('carrying in') of relics 124/35
immutari (-are) exchange 51/27

importunis (-us) persistent, urgent **58/194**

importunitate (-tas) importunity, persistent solicitation **24/90, 58/211**

indiscreta (-us) making no distinctions **53/63**

indiscrete indiscreetly, rashly **43/31**

inhiare long for, hunger after **51/32**

integro, ex (*emended*) in its entirety, entirely **161/70, 191/16**

ipas (-a) sop in water **158a/59**

iubilus song of joy, hymn of praise **124/72**

laicali (-is) of or pertaining to laymen **53/125**

latore (-or) bearer (of a letter) **51/38, 98/36,** etc.

libras (-a) pound (money) **191/60**

magister Master (title given to one who has had formal training) **9/2, 98/5,** etc.

magnanimiter courageously **53/398**

maiori (-or) a superior **58/180,** magnate **164/52**

maioris missę (maior missa) high mass **123/15**

man (indeclinable) manna **161/187**

mancipabit (-are) effectui carry into effect **174/108**

Marciniacum (-um) Marcigny **53/156, /164,** etc.

mediantibus (-are) mediate, be the means **53/44, 98/22,** etc., be between **174/10**

militem (-les) fighting man, knight **51/1, /21,** etc.

minus, ad no fewer (less) than, at least **124/24, 174/83**

minutum (-us) one who has been bled **158a/21**

mirra (murra) myrrh **158b/41**

modico, in a little **53/81, 161/27,** etc.

monachili (-is) of a monk **53/98**

Natali (-e) Domini Christmas **164/56**

Natiuitatem (-tas) Saluatoris Christmas **58/12**

nouiciis (-us) novice **161/115**

obędientia (-a) outlying dependency **24/123**

occursus circuit **58/187**

octauas (-ae) octave, eighth day after a feast **158a/94**

operatorii (-um) shop **158b/21**

Parisius at Paris 58/11

pastoralis (-is) pastoral, of or pertaining to the cure of souls 24/75, 43/25

paulino (-um) laxative drug 158b/49

pausandi (-are) rest 115/171

peregrinantium (-ari) go on pilgrimage 164/21

peregrinationis (-io) pilgrimage 53/311, 115/36

pergamenum (-um) parchment 123/8

pertempto (-are) try, attempt 24/7

philacterium (-um) reliquary 174/21

Pictauensem (-is) of Poitiers 58/1

pingues (-is) powerful man 161/215

pontifici (-fex) pontiff, the Pope 98/2, 174/2, etc.

potentialiter potentially 158b/38

praemisi (-mittere) mention before 161/21

praeposito (-us) provost 174/108

precordiales (-is) beloved 53/234

prelatis (-us) ruler 43/82, 58/177

priori (-or) prior (monastic official) 24/3, 43/1, etc.

professores (-or) one who professes, takes (monastic) vows 115/154

prothomartyris (-tyr) first martyr 123/4

prouidentia supervision 158b/21, provision, ordinance 191/12

proxime soon 123/19

proximo, in soon 24/37, 58/349

recaliciam (-a) liquorice 158a/59

redditionis (-io) giving up, surrender (of oneself to monastic life) 51/11

refectio food, repast 161/144

religio religious (specifically monastic) way of life 51/12, 98/28, etc.

religiosum (-us) monastic, in religion 115/155, /193; a monk, religious 161/34, 191/39

repletionem (-io) fullness 24/13, /14

rescriptum reply 124/1, 158b/1

reuerentia reverence (form of address) **158b/51, 164/72**

saluatricem (-trix) saving, salutary **164/14**
Sarracenorum (-us) Saracen, Moslem **164/22**
solidos (-us) shilling (twentieth of a pound) **51/34**
sororibus (-or) nun, sister **53/210, /259**, etc.
stuphis (-a) hot bath **158b/47**
sublimitatis (-tas) excellency (form of address) **158b/4, /17**
suffragium aid **158a/105**
superum (-us) dweller in heaven, saint **124/39**
suppriores (-or) sub-prior (monastic official) **161/1**
supradictus above-mentioned **24/112**
sustinentes (-ere) await, look forward to **115/131**

tenorem (-or) tenor, meaning **53/261**
theorię (-a) contemplation **53/302**
tonsuram (-a) tonsure **161/136**
translatione (-io) translation (transfer) of relics **124/35, /75**
tumulum (-us) death, burial **53/12**

uaeh, ueh (uae) woe **161/12, /13**, etc.
uerbo (-um) thing, matter **163/25, /28**, etc.
uigiliis (-a) vigil, spending the night in prayer **43/93, 53/294**,
    vigil, eve of festival **58/397**
uisceribus (-a) heart, love, affection **43/2, 164/30**

ydolatras (-a) idolater **58/302**
ydolatriam (idololatria) idolatry **24/110, 43/72**, etc.

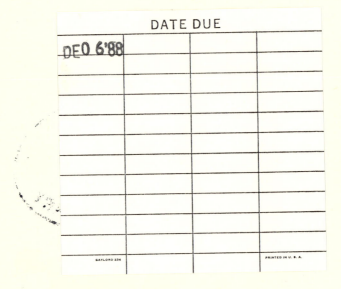

DATE DUE

DEO 6'88			
GAYLORD 234			PRINTED IN U. S. A.